BIBLIOTHÈQUE DE VILLE ET DE CAMPAGNE.

PAUL DE KOCK

TAQUINET LE BOSSU

ÉDITION ILLUSTRÉE DE VIGNETTES SUR BOIS

Prix : 70 centimes.

PARIS
A LA LIBRAIRIE THÉATRALE, BOULEVARD SAINT-MARTIN, 12
ÉDITEUR DE LA SOCIÉTÉ DES GENS DE LETTRES.

A LA LIBRAIRIE THÉATRALE,
12, boulevart Saint-Martin.

TAQUINET LE BOSSU

L. Duveau, del.
L. Deghouy, sculp.

I.

LE HUSSARD ET LA VIVANDIÈRE.

On était alors sous le consulat, à cette époque où la France commençait à redevenir gaie, à respirer, à se retrouver, à se reconnaître; où, sortie enfin du régime de la terreur, on avait daigné la débarrasser de *ce bon monsieur* de Robespierre!... qui voulait pourtant la rendre si heureuse! et qui pour cela faisait guillotiner tous ceux qui ne pensaient pas comme lui, et même ceux qui étaient simplement *suspectés* d'être *suspects*! et puis encore ceux qui avaient le malheur d'avoir l'air noble, distingué, la démarche fière et la tournure élégante! et puis encore ceux qui relevaient leurs cheveux avec un peigne après les avoir nattés; et puis ceux qui portaient un collet vert à leur habit; et c'était déjà très-imprudent de porter un habit, dans ce bon temps d'égalité et de fraternité et de liberté où vous ne pouviez pas faire quatre pas et dire deux mots sans risquer d'être mis en prison!... Quel temps! quel régime! quelle époque!... où l'échafaud était en permanence, où les honnêtes gens tremblaient devant les assassins!

Mais hâtons-nous de détourner les yeux de ce tableau!...

Un jeune homme, vêtu de l'uniforme d'officier de hussards, venait d'entrer dans la rue de la Barillerie, et s'était arrêté devant une maison d'assez chétive apparence, comme presque toutes celles de cette rue, à cette époque où on ne connaissait encore ni le gaz, ni les omnibus, ni les chemins de fer.

Le jeune homme qui s'arrêtait là pouvait avoir de vingt-quatre à vingt-cinq ans. Il était d'une taille élevée, mais svelte et bien prise, et l'uniforme de hussard en faisait valoir tous les avantages.

C'était un brun aux yeux bleus, bien fendus, bien doux, et même tendres lorsqu'ils se fixaient sur une femme, mais francs et décidés quand ils étaient en face de l'ennemi. Un nez droit et parfaitement correct, une bouche spirituelle, un front élevé et des cheveux bien plantés achevaient de faire de ce jeune officier un fort joli garçon, qui devait trouver pour le moins autant de conquêtes à faire en temps de paix que pendant la guerre.

Vous savez que la rue de la Barillerie donne d'un côté sur le quai de l'Horloge et de l'autre quai des Orfèvres, mais vous ignorez peut-être que jadis l'église paroissiale de Saint-Barthélemy y était située; que cette église a été démolie, et que c'est sur son emplacement que l'on avait bâti le théâtre de la Cité, fort en vogue sous le Consulat, et qui vit naître les fameuses pantomimes : *la Fille hussard*, *l'Homme vert*, *Dorothée!*... chefs-d'œuvre de *Cuvelier*, et qui faisaient alors courir tout Paris; ce qui prouve, comme je vous le disais tout-à-l'heure, que les habitants de Paris avaient grand besoin de courir, de s'amuser, de se divertir pour oublier le régime de la terreur.

Si nous devons en croire *Saint-Foix*, « ce fut à la porte de l'église Saint-Barthélemy que le roi Robert, fils de Hugues Capet, qui avait épousé Berthe, sa cousine issue de germaine, et que Grégoire V excommunia à cause de ce mariage, fut abordé par Abbon, abbé de Fleury, lequel était suivi de deux femmes qui portaient un fort grand plat de vermeil, lequel plat était recouvert d'un linge. »

Abbon annonça à Robert la délivrance de la reine, et, découvrant le plat, lui dit :

« — Voyez, Sire, les suites de votre désobéissance aux décrets de l'Église. »

Or, il faut vous dire que le plat contenait un monstre ayant le cou et la tête d'un canard.

Par suite de cet événement, Berthe fut répudiée; Robert épousa

1857

Constance de Provence, dont le caractère altier et vindicatif exerça sa patience et causa tant de troubles dans l'État, qu'il ne parut point que la bénédiction du ciel se fût répandue sur ce second mariage.

En vérité, si nous devons remercier la Providence de ne plus être sous le régime de *ce bon monsieur* de Robespierre, nous devons aussi la bénir de ne plus nous faire venir au monde avec des cous et des têtes de canard.

Revenons à notre jeune officier de hussards.

Après avoir hésité quelque temps, il s'était décidé à entrer dans la maison, il avait monté deux étages, s'était arrêté devant une porte sur laquelle était une clé, puis il avait pénétré dans un petit logement très-modeste, mais propre et bien tenu, dans lequel une femme, qui avait passé la cinquantaine, était assise et occupée à coudre.

Cette femme portait un costume fort simple; une jupe de drap bleu, une espèce de veste à taille de même étoffe, le tout garni d'un double rang de petits boutons de cuivre, ce qui, joint à un fichu de soie noire roulé et noué autour du col, lui donnait une apparence militaire.

En effet, la veuve Bloquet avait été vivandière, elle avait suivi à l'armée son mari, le père de Gustave, et Gustave c'est le jeune officier de hussards qui vient d'entrer chez elle.

La veuve Bloquet, qui avait dû *ne pas être trop déchirée* dans son temps, ainsi qu'elle se plaisait elle-même à le répéter, avait encore de beaux yeux, que le temps avait rendus moins vifs, un front haut, de belles dents, et un sourire gracieux qui était d'autant plus gracieux qu'elle ne le prodiguait pas : vous savez que les choses que l'on prodigue perdent bientôt de leur prix.

A l'aspect de son fils, l'ex-vivandière lève sur lui des yeux pleins de tendresse, mais ils se voilent bien vite lorsqu'elle remarque la tristesse et le découragement peints dans les traits de Gustave.

— Eh bien! voyons, qu'y a-t-il, mon garçon? demande la mère Bloquet au jeune hussard, te voilà encore avec la figure bouleversée...

— Ah! ma mère, je suis bien malheureux! répond Gustave en se laissant aller sur un siége.

— Malheureux, à ton âge, cela veut dire amoureux... Il n'y a que l'amour qui vous fasse soupirer, vous autres hommes!... la peine, l'espoir, le plaisir, tout est là!... Eh mon Dieu!... je m'en souviens! J'ai été jeune aussi.., et c'est par amour que j'ai suivi à l'armée ton pauvre père... C'est l'amour qui me rendait courageuse, qui me faisait oublier, braver le danger. Sur le champ de bataille, les balles sifflaient à mes oreilles et je ne les entendais pas... Je n'étais occupée que de ton père que je tâchais de suivre des yeux au milieu de la mêlée... Le bruit du canon, de la fusillade, rien ne m'épouvantait! il me semblait toujours que c'était de la musique!... Je n'ai tremblé qu'une fois,... lorsque je vis ton père marcher pour emporter cette redoute... C'était à Lodi... Un secret pressentiment me disait qu'il ne devait pas en revenir...; et... en effet... blessé, blessé mortellement!...

Ici la mère Bloquet s'arrête pour passer sa main sur ses yeux; mais elle reprend bientôt d'une voix plus ferme :

— Mon fils, je t'ai toujours donné l'exemple du courage, de la fermeté. Ton père est mort en brave; moi, je l'ai accompagné sur le champ d'honneur. Notre fils devait être un brave aussi, sans quoi je l'aurais renié, j'aurais dit : Cela ne peut pas être notre enfant.. Mais je n'ai que des éloges à donner à ta valeur. Quoique tu n'aies encore que vingt-quatre ans, te voilà déjà officier, et le général Desparville t'a fait son aide de camp. C'est bien, cela; je puis être fière de mon fils. Cependant, le courage qui consiste à se battre ne suffit pas encore! il en faut un autre... Il faut à un homme cette force de caractère qui lui fait supporter les peines, qui triompher de ses passions quand elles sont coupables. Depuis quelque temps tu es sans cesse triste, silencieux, tu n'as plus la tenue, l'humeur d'un soldat...... Je ne reconnais plus mon fils enfin... dont je veux toujours être fière. Tu vas me conter ce qui cause tes tourments. Je le veux, je l'exige... Songe qu'une mère est un officier supérieur auquel ses enfants doivent respect et obéissance! Parle; j'attends.

Gustave se lève et répond aussitôt :

— Vous avez raison, ma mère, je suis amoureux; une passion violente et qu'il m'a été impossible de vaincre s'est emparée de mon cœur, c'est en vain que j'ai voulu l'en chasser!

— Si tu as voulu la chasser, tu sais donc que tu as tort d'aimer!... Tu aimes donc une personne qui n'est pas digne de ton amour?...

— Ah! que dites-vous là, ma mère! J'aime un ange! une créature céleste! que l'on ne peut voir sans en être épris...

— Pourquoi alors veux-tu chasser cet ange de ton cœur?...

— Ma mère,... celle que j'aime... est... la fille du général Desparville.

Le front de l'ancienne vivandière devient sombre et sévère; elle jette sur son fils un triste regard, en murmurant :

— Il serait possible!... c'est mademoiselle Adolphine!... c'est la fille de ton général, de ton bienfaiteur, que tu oses aimer... Ne sais-tu donc pas que le général est riche, et que tu n'as encore pour tout bien que ton épée et ton courage?... Le général a toujours veillé sur toi comme sur un fils ; c'est grâce aux rapports favorables que tu as été fait officier, car, à l'armée comme partout, le mérite ne suffit pas toujours pour avancer!... Combien n'ai-je pas vu, moi, de belles actions qui sont restées sans récompense,... perdues dans la foule avec les autres, quand personne n'était là pour en citer l'auteur ! Enfin, le général Desparville vient encore de te nommer son aide de camp,... et, pour prix de tout ce qu'il fait pour toi, tu aimes sa fille,... tu chercherais à la séduire!...

— La séduire! Oh! ma mère,... votre fils n'a jamais eu cette odieuse pensée. Et si,... malgré moi, mes yeux ont pu exprimer à mademoiselle Adolphine une partie du trouble que me causait sa présence, du moins ma bouche est restée muette et n'a pas trahi mon secret.

— Il me semble que quand les yeux parlent si bien, la bouche n'a pas grand mérite à se taire. Enfin, mon fils, que comptez-vous faire ? Triompher de cet amour, j'espère...

— Cela m'est impossible, ma mère... Jusqu'à ce jour pourtant... j'avais pensé cacher mes tourments à tous les yeux... mais je viens d'apprendre que le général a l'intention de marier sa fille... à un... colonel... de ses amis... Vous savez que, m'ayant attaché à sa personne, le général me logeait avec lui dans sa maison de campagne... Je sens que je n'aurai pas la force d'être témoin de l'union de mademoiselle Adolphine avec un autre... Aussi, je me suis décidé à quitter le général,... et voici ce que je lui écris...

Le jeune homme présente à sa mère une lettre qui n'est point cachetée; celle-ci la prend et lit haut.

« Mon général, jamais je n'oublierai ce que vous avez fait pour moi :
« fils d'une cantinière, c'est à vous que je dois l'instruction que j'ai
« reçue et votre protection que je possède.

« Vous avez daigné m'attacher à votre personne en qualité d'aide
« de camp. Tous ces bienfaits ont rempli mon cœur de reconnais-
« sance, et pourtant je viens vous demander la permission de m'éloi-
« gner de vous. Vous mettriez le comble à vos bienfaits en me faisant
« obtenir une compagnie dans un des régiments qui se disposent à
« partir pour l'armée.

« Quelque jour, mon général, vous approuverez le parti que je
« prends, et pardonnerez à votre tout dévoué Gustave. »

— C'est bien, dit la vivandière en repliant la lettre, cette lettre est convenable, et je la remettrai moi-même au général.

— Vous, ma mère?...

— Oui, moi ; et pourquoi pas moi?

— C'est qu'il me semblait... que ce n'était pas à vous de...

— Tu ne sais ce que tu dis. Je remettrai cette lettre aujourd'hui même. Où est le général?

A sa maison de campagne de Saint-Mandé.

— Il suffit. Toi, retourne comme à l'ordinaire chez lui, et attends-moi, je te porterai la réponse du général.

— Mais, ma mère, je vais revoir mademoiselle Adolphine, et...

— Eh bien! quand tu la reverras encore une fois, je pense que cela ne te fera pas mourir, et que tu n'oublieras pas que tu es le fils de la veuve Bloquet. Embrasse-moi, et va-t-en.

Le jeune hussard était aussi doux devant sa mère qu'intrépide devant l'ennemi; il embrassa respectueusement l'ex-vivandière, et quittant la rue de la Barillerie, s'en retourna à Saint-Mandé, où le général Desparville avait loué une jolie maison.

Cependant, tout le long du chemin Gustave était inquiet, tourmenté; il se demandait pourquoi sa mère avait voulu porter elle-même sa lettre au général; quel pouvait être son but, son projet.

Il y avait aussi des moments où il regrettait d'avoir écrit cette lettre, qui allait le forcer à s'éloigner de la personne qu'il adorait, car cela arrive bien souvent ainsi en amour : on sent ce que l'on doit faire ; on comprend son devoir, on est bien décidé à le remplir.

Mais dans le fond de son cœur, on a pourtant un autre désir, qui se tait, qui se cache, qui n'ose pas se faire entendre,... car il serait tout honteux qu'on le connût.

Ce désir si minime, si modeste, est ordinairement tout opposé à nos bonnes intentions; et il serait enchanté de voir arriver quelque événement imprévu qui en empêchât l'exécution.

Puis, comme ces nuages légers qui grossissent et deviennent des nuées formidables, il n'est pas rare de voir le tout petit désir chasser au loin et disperser les bonnes résolutions.

II.

UN GÉNÉRAL DE CE TEMPS-LA.

Le général Desparville était un homme de cinquante ans, grand, bien fait, d'un physique rude, mais franc; dont le ton presque toujours brusque vous intimidait d'abord, mais dont les manières rondes et le *parler* entremêlé d'expressions guerrières et de jurements énergiques ramenait bientôt la confiance dans votre cœur.

Le général avait passé sa vie dans les camps.

C'était un militaire dans toute la force du terme.

Ayant dû son avancement à sa valeur, il estimait avant tout le courage et n'entendait rien au métier de courtisan.

Mais on était alors à une époque mixte, où les manières galantes eussent paru ridicules; près du premier Consul, la rudesse du soldat réussissait mieux que le langage mielleux de l'homme de cour, et véritablement le général Desparville, qui n'était nullement ferré sur la grammaire, aurait été assez embarrassé pour bien tourner et surtout pour écrire un ordre du jour; mais il remplaçait le manque d'instruction par des mots si expressifs, par des phrases si laconiques et si burlesques parfois, que le premier Consul lui-même souriait souvent en l'écoutant.

Le général se promenait en fumant dans son salon, souffrant encore d'une blessure qu'il avait reçue au bras dans sa dernière campagne. Tout-à-coup un domestique annonce :

— Madame Bloquet.

Le général se retourne, court au-devant de l'ex-vivandière, lui secoue la main comme à un vieux camarade, et s'écrie :

— Comment! c'est toi, mère Bloquet! Quel bon vent t'amène? Sacré mille canonnades, on ne te voit plus! Tu négliges les amis, ça n'est pas bien... Et le général se met à chanter d'une voix horriblement fausse :

Quand on est si bien ensemble,
Devrait-on jamais se quitter.

— Merci, général, je suis sensible à ton bon accueil... Ah! pardon.... l'habitude d'autrefois... à votre bon accueil.

— Qu'est-ce que c'est? Est-ce que tu ne voudrais plus me tutoyer maintenant?..... Est-ce que nous sommes fâchés sans que je le sache?... Alors ça ne compte pas, on ne peut pas se fâcher tout seul!...

— Mais, général, votre rang... le respect...

— Je te dis que tu m'embêtes! et que je veux que tu me dises toi, comme jadis!... triple canonnade!... Je n'ai pas oublié que c'est toi, Bloquet, qui m'as versé la goutte sur mon premier champ de bataille, et à crédit encore... je n'avais jamais le sou alors... A propos de goutte, tu vas en prendre une avec moi...

— C'est pas la peine, général.

— Je te dis que si... Est-ce que tu refuserais de trinquer avec un ami?...

— C'est pas ça... mais... je viens pour une affaire sérieuse, et.....

— Je ne parle jamais d'affaires sans me rincer la bouche avec du n'importe quoi... Holà! Baptiste!..... du rhum et deux verres...... et prends ça dans le bon coin.

Un domestique apporte ce que son maître a demandé, et l'ex-vivandière, pour ne point contrarier le général, avale avec lui deux petits verres de rhum; après quoi il consent à l'écouter.

— Général, je viens pour te parler de mon fils...

— Tant mieux! ça me va! C'est un brave garçon que j'aime, que j'estime, ça se bat déjà comme père et mère, c'est obéissant, discipliné, ça fera son chemin!... Il y en avait d'aucuns qui prétendaient que je l'avançais trop vite; je *leur z'y ai* dit : « Fichez-moi la paix! ce cadet-là vous dégoterait tous! D'ailleurs, si vous n'êtes pas contents, allez le trouver, il vous donnera votre compte!...... » Alors ils ont fait les chiens couchants, et ils ont *tué* leur bec!...

La veuve Bloquet écoutait avec joie ce que le général disait de son fils; mais, lorsqu'il a cessé de parler, elle soupire, et, tirant une lettre de son sein, la présente au père d'Adolphine, en lui disant :

— Tiens, général, c'est pour toi.

— Qu'est-ce que c'est que ce chiffon-là?

— C'est une lettre.

— De qui?

— De Gustave, de mon fils.

— Ton fils m'écrit! Qu'est-ce que c'est que cette bêtise-là? Est-ce qu'il ne me voit pas toute la journée, puisqu'il demeure avec moi; est-ce qu'il ne peut pas me parler?

— Général, il y a des choses qu'on n'a pas la force de dire, et que l'on écrit alors.

— Je ne comprends rien à ce que tu me chantes-là. Je n'aime pas qu'on m'écrive... Moi, je n'écris jamais. A quoi que ça sert d'écrire? A embrouiller les affaires! Voyez les avocats, les procureurs, les huissiers; si tous ces gens-là ne savaient pas écrire, est-ce qu'on ne serait pas plus heureux!... Je signe quelquefois mon nom... et encore quand je ne peux pas faire autrement!

— Général, je t'en prie, prends connaissance de la lettre de mon fils.

Le général prend la lettre, la regarde, la retourne, l'examine dans tous ses sens en murmurant :

— Ah! si tu y tiens tant!... Je voudrais bien savoir qu'est-ce qui a inventé l'écriture...; en voilà une de boulette!... Car si personne n'avait su écrire, on n'en serait passé; c'est clair comme deux et deux font quatre, et ça aurait mis bien plus de rondeur dans les relations. Diable! il écrit bigrement menu, ton fils!...... ça me ferait mal aux yeux de déchiffrer cela... Fais-moi un plaisir, ma vieille, lis-moi toi-même la lettre de Gustave, je vais t'écouter comme notre premier Consul quand il nous *z'harangue!* et je dis qu'alors on ouvre ses oreilles comme des parapluies.

Et le général repasse la lettre à la veuve Bloquet, qui n'ose se refuser à sa demande, et lui lit la lettre du jeune officier en appuyant avec soin sur les moindres passages.

Le général, qui a caressé ses moustaches pendant tout le temps qu'a duré cette lecture, s'écrie, lorsqu'elle est terminée :

— Je disais bien qu'on n'aurait jamais dû apprendre à écrire! Et la preuve, c'est que j'ai eu beau ouvrir mes oreilles, je n'ai rien compris à ce qu'il y a là-dedans.

— C'est pourtant bien clair, général.

— Si c'est clair, dis-le-moi, et je comprendrai peut-être mieux.

— Mon fils te prie de lui faire avoir une compagnie dans un des régiments qui vont partir.

— Il veut donc me quitter?

— Justement.

— Ton fils n'a pas pu m'écrire cela, car alors ce serait un ingrat et un Jean-f....; je n'achève pas le mot, mais tu le connais.

— Général! s'écrie l'ex-vivandière en se levant d'un air fier, mon fils n'est ni un ingrat, ni... ce que tu as bien fait de ne point achever; et la preuve, c'est que s'il s'éloigne, c'est par délicatesse..., par honneur même...

— Tâche de t'expliquer mieux... Je n'aime pas les détours... Va au but, et attrape-le, sacrebleu.

— Eh bien, général, mon fils Gustave est amoureux de mademoiselle Adolphine, fille de son général, et il veut s'éloigner parce qu'il sait très-bien que son amour est une folie, une faute..., qu'il doit le cacher à tous les yeux....., ne jamais surtout en souffler un mot à ta fille..... Mais écoute donc, général, on a beau être honnête, on n'est pas de pierre...; le cœur bat vite à vingt-quatre ans, et, rester près de la personne que l'on aime, la voir tous les jours, c'est être exposé malgré soi à trahir son secret. Voilà pourquoi mon fils te supplie aujourd'hui de l'éloigner de toi, qu'il aime et respecte comme un second père.

Le général est devenu grave ; il caresse encore sa moustache, mais de temps à autre il se gratte le front, puis se lève et marche à grands pas dans le salon.

On voit qu'il est fort agité, et ses sourcils qu'il fronce, dénotent qu'il a cette fois des pensées sérieuses.

La mère de Gustave n'ose l'interroger, elle attend qu'il soit plus calme.

Enfin, le général s'arrête, se verse un verre de rhum, l'avale d'un trait, et murmure :

— Ah! M. Gustave aime ma fille!...

— Hélas! oui, général.

— Pourquoi fais-tu un hélas! comme si tu avais la cathédrale de Strasbourg sur l'estomac?

— Parce qu'il me semble que c'est un grand malheur pour mon fils,

— Ah! tu crois cela... Baptiste!... Baptiste!

Le valet accourt.

— Où est ma fille?

— Général, je crois que mademoiselle est dans sa chambre.

— Dis-lui de venir ici sur le champ, que je l'attends.

Le valet sort; la veuve Bloquet se dispose à en faire autant, en disant :

— Je pense, général, que tu n'as plus besoin de moi... Je pourrais te gêner dans ce que tu as à dire à ta fille, et...

— Si j'avais voulu te renvoyer, ce serait déjà fait; reste, au contraire.

— Mais cependant, général...

— Ah! mille cartouches, est-ce que tu voudrais faire des manières aussi, toi? Reste et tais-toi, car j'entends ma fille.

Adolphine Desparville a dix-huit ans. Elle est grande, élancée, bien faite; elle se tient bien droite, bien cambrée : c'est une habitude que son père lui a fait prendre de bonne heure, et qui fait ressortir tous les avantages de sa taille.

Sa figure est vive, mutine; ses yeux ne sont pas très-grands, mais leur expression est charmante; on y lit la gaîté, la franchise de son père, et quelquefois cette malice d'une jeune fille qui ne blesse jamais ceux auxquels elle s'attaque.

Avec l'habit d'amazone, qu'elle porte souvent, avec le chapeau rond, comme les hommes, et la cravache à la main, Adolphine fait une cavalière fort séduisante, et le général est idolâtre de sa fille, quoique parfois il veuille avoir l'air sévère avec elle.

La jeune personne arrive en chantant, en sautillant, suivant sa coutume; elle court à son père, l'embrasse avant qu'il ait eu le temps de prendre un air imposant, puis elle va à la mère de Gustave, et lui prend la main, en lui disant d'un air affectueux :

— Comment, vous étiez ici, madame Bloquet?... Ah! si je l'avais su, je serais descendue plus tôt; mais on ne me dit rien, à moi!..... C'est fort ridicule..... On me traite toujours comme une petite fille!...

— Paix! mademoiselle, paix! dit le général en faisant sa grosse voix, il ne s'agit pas de madame Bloquet... Je vous ai fait venir pour quelque chose d'important...

— Mais, papa, cela n'empêche pas de dire bonjour à ses amis....., et madame Bloquet est notre amie, vous l'aimez bien aussi, vous, je vous l'ai entendu dire cent fois!

— C'est bien, c'est bien..., Adolphine, vous babillez trop, écoutez-moi...

— Oh! papa, vous faites vos gros yeux..., vous essayez de loucher... pour faire le méchant, mais ça ne vous va pas!...

— J'essaye de loucher... Ah! sacrebleu! mademoiselle, ne plaisantons pas, ou cela va se gâter...

— Mais, mon Dieu! qu'avez-vous donc à me dire?... Est-ce que vous allez me gronder? Il me semble pourtant que je n'ai rien fait de mal...

— Silence dans les rangs!..... Adolphine....., tu sais bien que je vais te marier...

— Moi?... Je ne le sais pas du tout.

— Comment? je ne t'ai pas déjà dit trois ou quatre fois que le colonel Frombac, mon ami, désirait t'épouser?

— Oui, c'est vrai, vous m'avez dit cela; mais comme cela ne peut être qu'une plaisanterie, je n'y ai fait aucune attention.

— Et pourquoi donc ne serait-ce qu'une plaisanterie, mademoiselle? reprend le général en refronçant le sourcil; est-ce que mon ami le colonel Frombac ne peut pas fort bien se marier? Est-ce que c'est un homme dont on doive faire fi!... Un brave! qui a fait quinze campagnes, qui a reçu douze blessures,... qui devrait avoir au moins une jambe et un bras de moins! Il ne l'aurait fichtre pas volé!

— C'est possible; mais c'est justement parce que votre colonel a tant de campagnes et de blessures à m'offrir que je n'en veux pas. D'abord, il est fort laid... il a une balafre sur le nez, votre colonel.

— C'est une marque de bravoure, cela équivaut à un grain de beauté.

— Ah! papa, je ne veux pas de ces grains-là. Ensuite, il a plus de cinquante ans, il est trop vieux pour moi.

— Mais, ma fille, si pourtant je vous ordonnais d'épouser le colonel...

— Je suis bien tranquille, tu ne m'ordonneras pas cela.

— Et pourquoi donc?

— Parce que tu ne voudrais pas rendre ta fille malheureuse...

Le général se retourne vers la veuve Bloquet en caressant sa moustache d'un air qui voulait dire :

Elle a réponse à tout, je suis bloqué.

Puis, essayant de reprendre son air sévère, il revient vers sa fille, en disant :

— Ainsi, mademoiselle, c'est bien décidé, vous refusez le colonel Frombac, vous refusez une union qui m'aurait rendu très-satisfait?... Nom d'une pipe!...

Adolphine s'approche de son père, et l'enlace de ses bras, en lui disant :

— Mais, mon petit papa... tu te trompes... Comme j'aurais eu du chagrin d'épouser le colonel, cela ne t'aurait pas du tout rendu satisfait, car tu serais bien triste, au contraire, si ta fille était chagrine; ta fille, que tu aimes tant à voir gaie, contente; et c'est pour que tu sois très-satisfait que je refuse de contracter cette union.

— Oh! alors... si c'est comme ça,... décidément, je crois qu'elle a raison! dit le général, et c'est moi qui faisais une boulette.

— Oui, papa, c'était toi...

— Silence dans les rangs! Passons à autre chose. Adolphine, je vais t'apprendre une nouvelle.

— Si cela concerne encore le colonel Frombac, cela m'intéresse peu!

— Non, cela regarde une autre personne,... mon aide de camp Gustave...

Au nom de Gustave, Adolphine rougit jusqu'au blanc des yeux, tout en s'écriant :

— Ah! M. Gustave,... c'est différent... D'abord, c'est le fils de madame Bloquet que nous aimons tant ; et puis il est bien aimable M. Gustave, bien complaisant surtout; si je veux jouer au volant, au ballon, il est toujours tout prêt à faire ma partie...

— Il faudra pourtant, ma chère amie, que tu cherches une autre personne pour faire ta partie de volant ou de ballon.

— Pourquoi donc cela, papa?

— Parce que Gustave va nous quitter.

— Nous quitter!...

Les traits de la jeune fille s'altèrent, elle essaye en vain de conserver son air enjoué, déjà l'inquiétude, la crainte, ont remplacé la gaieté qui animait ses regards, et c'est d'une voix entrecoupée qu'elle reprend :

— Quoi! mon père, vous envoyez donc M. Gustave en mission loin d'ici?

— Non vraiment! je ne le renvoie pas, moi; c'est lui qui veut absolument nous quitter, se séparer de moi, passer dans un des corps qui seront envoyés bientôt sans doute battre les Autrichiens...

— Oh! mon père, ce n'est pas possible...

— Pas possible... Tiens, voilà la lettre de Gustave,... il me donne sa démission.

— Mais quel motif? quelle raison... Car enfin on ne quitte pas les... personnes sans dire quelque chose...

— C'est sans doute parce qu'il ne veut rien dire qu'il écrit. C'est si bête l'écriture!... Expliquez-vous donc vis-à-vis d'une lettre... Est-ce que ça peut vous répondre...

— Mais madame Bloquet connaît sans doute les causes... les raisons qui font agir son fils...

L'ex-vivandière baisse les yeux et garde le silence. Le général reprend :

— Elle ne me l'a pas dit positivement,... mais il paraît qu'il y a une amourette sous jeu,... Gustave va, je crois, se marier...

La mère du jeune hussard ouvre la bouche pour démentir le général, celui-ci ne lui en donne pas le temps; il lui marche sur le pied de manière à le lui écraser, et se tourne vers elle en murmurant à voix basse :

— C'est une frime,... nous allons en voir l'effet.

Mais l'effet a été plus prompt, plus violent que le général lui-même ne s'y attendait; car en se tournant vers sa fille, il la voit pâle comme une morte et tombée sans connaissance sur un fauteuil; il court aussitôt à elle en s'écriant :

— Ah! mille cartouches! qu'est-ce que j'ai fait là! Ma fille! mon Adolphine! mon enfant chéri!... reviens à toi... Ah! bigre d'animal que je suis!... Mère Bloquet, du secours,... vite,... vite... Elle se meurt cette pauvre petite... et c'est moi qui en suis cause... avec ma fichue épreuve!...

— Ce ne sera rien, dit la veuve Bloquet en essayant de ranimer la jeune fille, tandis que le général tappe dans la main d'Adolphine de manière à lui faire mal.

— Comment! ce ne sera rien, mille bombes! mais elle ne revient pas,... elle ne rouvre pas les yeux... Baptiste!... de l'eau,... de l'eau-de-vie,... du rhum... Oh là! du monde, sacrebleu!... Est-ce qu'ils sont sourds?...

Et le général avait versé du rhum dans un verre, et il en frottait le front et le nez de sa fille avec la liqueur.

Cependant Gustave qui n'était pas loin, parce que les amoureux ne sont jamais bien loin de la personne qu'ils aiment, a entendu la voix du général; il entre, pousse un cri d'effroi en apercevant Adolphine évanouie, et veut courir chercher un médecin; mais le général, qui a vu avec joie que son rhum a opéré tout aussi bien que du vinaigre, et que les joues de sa fille commencent à reprendre une teinte rosée, arrête le jeune hussard, et, le prenant par le bras, le ramène devant Adolphine, en lui disant :

— A genoux!

— Quoi!... général...

— A genoux! te dis-je...

— Aux pieds de mademoiselle votre fille?...

— Eh! oui, sacrebleu... à ses genoux et tout de suite!

— Je n'oserais jamais, général; le respect...

— Comment, tu n'oserais pas te mettre aux genoux de celle que tu vas épouser?...

— Épouser!... épouser!... il serait vrai!... Ah! tant de bonheur!... O ma mère!...

— A genoux! te dis-je !

Et Gustave chancelle, et est devenu, lui aussi, blanc comme un linge, et le général, qui est obligé de le soutenir, s'écrie :

— Allons, bon!... à l'autre à présent!... Mais ces enfants-là ne savent donc pas supporter le bonheur... la peine... Sacrebleu! Gustave, auras-tu bientôt fini de te trouver mal?...

Le jeune hussard est promptement revenu à lui, et il est bien vite aux pieds d'Adolphine qui rouvre les yeux, qui pousse un cri en apercevant Gustave à ses genoux, qui verse des larmes de joie, et se jette dans les bras de son père, en lui disant :

— Vous aviez donc deviné que je l'aimais?...

— Un peu, mon neveu!... Non! je veux dire : beaucoup, ma fille. Mais, je t'en prie, ne recommence pas à t'évanouir, car tu m'as fait une frayeur...

— Ah! mademoiselle, murmure Gustave, monsieur votre père m'a dit que je serais votre époux... Un tel bonheur... si inespéré... Mon Dieu!... Je ne sais comment vous dire...

— Embrasse-la, nigaud, ça vaudra mieux que des phrases... Eh bien! mère Bloquet, que dis-tu de tout ceci?... Es-tu contente de moi?

La mère de Gustave était tellement émue qu'elle pouvait à peine parler; deux grosses larmes coulaient de ses yeux.

Elle prend la main du général, la presse dans les siennes, et murmure enfin :

— Tu es aussi bon que brave... Tu fais le bonheur de mon fils... Si maintenant il donnait sa vie pour sauver la tienne, je trouverais qu'il ne fait que son devoir.

— Oh! oui, ma mère, oui, vous avez bien raison, dit Gustave, je ne pourrai jamais assez prouver ma reconnaissance à celui qui fait tant pour moi!

— Assez de reconnaissance, s'écrie le général. Du moment que l'on peut faire des heureux, il ne faut pas traîner les choses en longueur; d'ailleurs nous sommes à une époque où les militaires ne restent pas longtemps devant leur feu à se gratter les mollets; il faut donc bâcler lestement le mariage de ces enfants. Gustave, tu vas aller toi-même à Paris, chez M. Moulinard, mon notaire, tu sais son adresse... Il devait justement m'envoyer des fonds aujourd'hui... Tu lui diras de venir sur-le-champ, que je le marie à ma fille, qu'il nous faut un contrat *subito*, et que tout cela soit griffonné au pas de charge... Va... galoppe et reviens! Et puis tantôt nous gobichonnerons entre nous un petit repas d'accordailles; nous ferons sauter les bouchons de Champagne. On ne marie pas sa fille tous les jours.

Gustave ne se fait pas répéter cet ordre; il baise la main d'Adolphine, presse celle du général, saute au cou de sa mère, et s'éloigne suivi par des regards qui lui exprimaient les plus doux sentiments : l'amour d'une fiancée, celui d'une mère, et l'amitié la plus vraie.

III.

UN NOTAIRE ET SON CLERC.

M. Moulinard, le notaire du général, est un homme de quarante-cinq ans; grand, maigre, ou plutôt sec, teint jaune et bilieux, figure longue, osseuse, bouche mince et rentrée, nez long et crochu comme le bec d'un émouchet, de petits yeux fauves, et des cheveux blond-carotte, peignés bien à plat sur la tête.

Tel est le notaire Moulinard, qui salue presque toujours ses clients en leur parlant, dont les manières sont d'une politesse fatigante, et la voix d'un mielleux qui doit nécessairement cacher une âme fausse et hypocrite.

Les voix mielleuses annoncent presque toujours cela.

Cependant M. Moulinard a la réputation d'un parfait honnête homme, et même d'un homme bienfaisant; il fait l'aumône quand on le regarde, il est prodigue de conseils et d'avis.

Le notaire Moulinard demeure dans un fort triste appartement de la rue des Bourdonnais.

Son étude est située au second, sur le fond d'une cour; c'est une pièce noire, enfumée, et chauffée en hiver par un poêle qui, en fumant continuellement, a fini par donner une couleur de bistre à tout l'appartement.

Là, devant un bureau surchargé de cartons, de dossiers, de papiers et de paperasses, se tient, depuis huit heures du matin jusqu'à huit heures du soir, un petit bossu qui n'a guère plus de trente-six ans, et dont la figure spirituelle et souvent gaie contraste avec le reste de l'étude.

C'est un petit homme qui a tout au plus quatre pieds de haut, mais qui ne serait pas trop mal fait, si ce n'était l'énorme monticule qui se dresse entre ses deux épaules; il est maigre ou plutôt mignon, ses doigts sont longs et ses mains un peu décharnées; mais ses traits ne sont pas trop désagréables ; il a peu de cheveux par devant, mais par derrière il a conservé une queue assez longue qui, suivant la mode de cette époque, se portait avec ou sans poudre ; le petit homme a préféré par économie cette dernière mode ; mais sa queue, serrée avec soin dans un ruban noir, descend fort bas sur son dos ou plutôt sur sa bosse, sur laquelle elle se joue et se tortille avec une vivacité qui lui donne quelquefois l'apparence d'un serpent ; de petits yeux gris-vert, très-vifs, très-spirituels, des pommettes fort accusées, un nez très-long, une bouche énorme et un menton de galoche, voilà le portrait de l'individu.

Ce bossu, qui se nomme Hercule Taquinet, est le premier, le second, et, si vous voulez, le dernier clerc de M. Moulinard, qui n'en a pas d'autre que lui ; car on ne peut pas nommer clerc un petit garçon d'une douzaine d'années, qui est aussi là, mais presque uniquement pour faire les courses, et que Taquinet appelle avec justice le *saute-ruisseau*.

Le petit bossu aime à se moquer, à critiquer, suivant l'ordinaire chez ses pareils ; sa voix est haute, criarde, mordante, tandis que son petit œil satirique a sans cesse l'air de vouloir pénétrer dans le fond de votre pensée.

Il est fort rare que M. Moulinard et son clerc soient une heure ensemble sans se dire des choses désagréables.

On se demandera peut-être alors pourquoi le notaire garde chez lui le petit bossu : c'est que celui-ci travaille vite, bien, et ne mange pas beaucoup.

En ce moment Taquinet, qui vient d'achever la copie d'un contrat de mariage, tout en grignotant un morceau de pain et des radis, murmure de temps à autre :

— Encore un... c'est-à-dire encore deux qui vont se marier... Toujours copier des contrats, cela donne nécessairement des idées matrimoniales. Ah ! moi aussi je voudrais bien me marier, je l'avoue, et surtout faire un mariage d'argent, afin de sortir de ma position... Car elle est bien monotone ma position !... Je m'ennuie énormément chez M. Moulinard, qui depuis seize ans me promet de me céder son étude, et qui ne me cède pas, sous prétexte que je n'ai pas de quoi la lui payer. Quelle petitesse ! Mon patron me fait aller, c'est clair comme le jour ; c'est un hypocrite ! Je le soupçonne même d'être fripon... J'ai beaucoup de raisons pour croire cela... Bon ! mes radis sont creux, c'est amusant. Mais il vient de m'arriver d'Allemagne une dernière espérance... par la poste ; ça m'a même coûté trente-deux sous de port. Un cousin que j'ai par là m'écrit qu'il connaît une veuve riche, qui a grande envie d'épouser un Français ; il lui a parlé de moi, et il m'engage à me présenter. Ma foi, j'ai bien envie de tenter l'aventure, et puisque mes compatriotes ne rendent pas justice à mon mérite, eh bien ! j'épouserai une Allemande. Mon Dieu, ça m'est égal ! Pour acheter l'étude du patron, j'épouserais une négresse, je ne tiens pas du tout à la couleur.

En ce moment la voix du notaire, dont le cabinet touche à l'étude, se fait entendre :

— Monsieur Taquinet... voulez-vous bien venir, s'il vous plaît ?...

Le petit bossu rouge encore deux radis, et se lève en disant :

— Peste ! nous avons ce matin la voix encore plus câline qu'à l'ordinaire ! Il a quelques corvées à me donner... ou il va me dire que son vin n'est pas encore arrivé... le pauvre cher ! C'est une couleur pour me mettre à l'eau depuis huit jours... Tu me revaudras cela, Tartufe !

Cependant Taquinet est arrivé dans le cabinet du notaire, qui est devant son bureau, assis dans son vieux fauteuil de cuir jadis rouge.

— Monsieur m'a appelé ?

— Oui, monsieur Taquinet, j'ai une commission importante à vous donner...

— Une commission ! Mais, monsieur, il me semble que je ne suis pas chez vous pour faire les commissions... Vous avez Galopin, le saute-ruisseau, c'est son état, c'est son fait, c'est son lot ; il a déjà des jambes de cerf, ce petit, il promet... Il va rentrer, vous l'enverrez. Moi, je suis ici pour écrire ! Et ! Dieu Merci ! j'en mets sur le papier de cette encre... de cette petite vertu ! comme ils ont la bêtise de la nommer... Je ne lui en connais guère de vertu, moi. Vous me direz si elle est petite, c'est pour ça...

— Monsieur Taquinet, je ne puis pas me servir de Galopin pour l'affaire dont il s'agit... C'est une affaire toute de confiance, et...

— Vous n'en avez pas dans votre saute-ruisseau ? ... Vous avez tort. Galopin est vertueux, il est très-vertueux ce petit... Il vit avec quatre sous par jour, il est fait quatre repas ! Si ce n'est pas là de la vertu, à quel taux voulez-vous la tarifer ?

— A Dieu ne plaise, monsieur Taquinet, que je suspecte la probité de mon petit clerc !...

— Saute-ruisseau !

— Petit clerc, si vous voulez bien.

— Non, saute-ruisseau, j'aime mieux cela ; d'ailleurs ça se voit à ses jambes, elles sont toujours crottées jusqu'au genou...

— Vous voyez donc bien qu'il ne saute pas les ruisseaux...

— Ah ! c'est juste, il marche dedans alors... Tiens, vous avez de l'esprit ce matin, patron !

— Monsieur Taquinet !

— Je veux dire, vous êtes en train de rire, vous êtes presque gai ; comme je n'y suis pas habitué, ça m'étonne...

— Si vous vouliez m'écouter enfin...

— Il me semble que je ne fais que ça...

— Il s'agit de porter trois cent mille francs à mon client le général Desparville

— Ah ! celui qui fait des cuirs...

— Monsieur, respectez un brave guerrier...

— Eh mon Dieu ! on peut être très-brave et faire des cuirs, on n'enlève pas des drapeaux à l'ennemi avec de l'orthographe !... ça n'a pas de rapport... Du reste le général ne se cache pas pour dire qu'il ne sait rien, et cela fait son éloge.

— Vous allez lui porter trois cent mille francs en un bon que voilà sur la caisse d'escompte...

— Il a donc vendu ses propriétés, le général ?

— Oui, il a voulu réaliser... Vous voyez, monsieur Taquinet, quelle confiance j'ai en vous !

— C'est heureux. Ça m'étonne, quoique ça... que vous n'alliez pas vous-même porter cette somme. Ah ! c'est qu'on vous attend ce matin pour un testament chez une vieille femme.

— Oui, mais j'ai reçu contre-ordre, la personne ne veut plus en faire ; elle a dans l'idée qu'elle ne mourra pas...

— Voilà bien une idée de vieille femme !...

— J'attends des clients. Tenez, voilà la somme, la superbe somme.

Le notaire tenait toujours dans ses mains le bon de trois cent mille francs et ne pouvait pas se décider à s'en dessaisir. Le petit bossu ricane en disant :

— Vous avez de la peine à lâcher le magot... Au fait, il était en famille chez vous !

— Qu'est-ce que c'est ?

Je veux dire qu'il était avec d'autres espèces, vous en avez toujours plein votre caisse. Est-on heureux d'être notaire !...

— N'êtes-vous pas bien à plaindre, vous, mon premier clerc !

— Votre premier clerc ! parbleu ce serait difficile autrement, je suis tout seul ! Galopin n'est que saute-ruisseau. Enfin, patron, voyons, quand me cédez-vous votre étude ?

— Mon cher ami, je ne demande pas mieux, moi. Je vous l'ai dit cent fois ; mariez-vous, vous me payerez avec la dot de votre femme.

— Mariez-vous !... Ah ! oui, voilà le grand mot... Vous savez bien qu'avec moi ça ne va pas tout droit ! C'est égal, je vais alors vous demander quelque chose.

— Si c'est de l'argent, je n'ai point de fonds disponibles en ce moment.

— Eh non ! soyez tranquille, ce n'est pas de l'argent ; d'ailleurs il est trop cher le vôtre. Je veux seulement vous demander un congé afin d'aller faire un tour en Allemagne. J'ai par là un parent qui croit m'avoir trouvé une femme...

— Vraiment ! partez en ce cas, j'y consens. Mais vos appointements ne courront pas en votre absence, je vous en préviens.

— Est-ce que vous croyez que j'ai eu cette idée-là ? est-ce que je ne vous connais pas ?... Puisque vous consentez, après-demain je me mettrai en route.

— C'est convenu, en attendant, allez vite à Saint-Mandé, chez le général Desparville, c'est à deux pas d'ici, une promenade...

— Une promenade,... vous êtes modeste... Un ruban de queue à révolter un cheval... Vous ne voulez pas que je prenne une voiture ?

— Vous plaisantez, sans doute ?...

— Enfin, la marche me fera peut-être grandir.

— Vous vous ferez donner un reçu de cette somme.

— Ça va sans dire, mais il faut d'abord que vous me donniez le bon...

— Est-ce que je ne vous l'ai pas remis ?

— Non, car vous l'avez remis dans votre gousset...

— Ah! c'est une distraction.

Le notaire se décide enfin à remettre le bon à son clerc, en lui recommandant bien de ne point s'arrêter en route, et d'éviter les rencontres.

Le petit bossu serre le bon dans sa poche, va prendre son chapeau, brosse sa redingote après avoir passé la brosse dans l'eau, renoue les cordons de ses souliers et quitte l'étude, en disant :

— Encore une corvée! mais après-demain je fais ma petite valise, et puis fouette, cocher, en route pour l'Allemagne, je vais boire du kirsch et manger de la choucroute. O! la choucroute! je l'adore...... d'autant plus que je n'en ai jamais mangé.

IV.

ÉVÉNEMENT IMPRÉVU.

Le petit bossu était parti de Paris pendant que Gustave partait de Saint-Mandé. Taquinet arrive à la campagne du général, qui s'écrie en le voyant :

— Tiens, c'est le petit bossu!

— Bossu! en effet, général, je me flatte de ne pas l'être à moitié. J'ai un amour de bosse, enfin ce qu'on peut appeler une bosse bien faite.

— Ce qui m'en plaît, crédié! c'est que tu prends bien la chose, tu ne t'en caches pas.

— Cacher ma protubérance, général, bien au contraire; et pourquoi donc ne tirerait-on pas parti de ses avantages?..... Vous croyez plaisanter, mais vous ne savez pas tout ce que ma bosse m'a valu d'œillades, de petits regards en dessous, de sourires! Quand une femme m'aperçoit, par derrière, elle double bien vite le pas pour voir ma figure!... Foi d'Hercule Taquinet, c'est flatteur.

— Comment as-tu dit? Hercule Taquinet?

— Ce sont mes noms.

— Comment, mon gaillard, tu te nommes aussi Hercule?

— C'est mon nom de baptême, celui que mon parrain m'a donné. Je sais bien qu'il aurait mieux fait de m'appeler Tortillard ou Dromadaire! mais enfin il m'a nommé Hercule, et je dois respecter sa volonté; je lui ai tant d'obligation à ce cher parrain! Je ne l'ai jamais vu qu'une fois; j'avais six ans à peu près, quand on m'a envoyé chez lui pour lui présenter mes devoirs. Je m'en souviens toujours, on venait de me faire entrer, on lui disant : c'est votre filleul, le petit Hercule Taquinet. Alors, mon parrain me regarda d'un regard moqueur, se mit à me crier : Avance, Hercule! Moi, vous concevez que j'étais très-embarrassé ; ne sachant pas si je devais aller en avant ou en arrière... Ma foi, je me mis à lui tirer la langue. Il me chassa sur-le-champ, en m'administrant une douzaine de claques; c'est tout ce que j'ai reçu de lui! C'est égal, c'est bien agréable d'avoir un parrain.

Le général a ri franchement du récit de Taquinet. Il lui dit ensuite :

— Eh bien! où est donc M. Moulinard, est-ce que Gustave ne lui a pas dit que nous avions besoin de lui ?

— M. Gustave..., votre aide-de-camp ?

— Sans doute, n'est-il pas allé vous chercher ?

— J'ignore s'il est allé voir le patron. Quand je suis parti il n'était pas encore arrivé.

— Que veniez-vous donc faire?

— Vous apporter ce bon de trois cent mille francs sur la caisse d'escompte..., le prix de la vente de vos propriétés.

— Ah! très-bien... je sais...

— Vous n'avez pas même besoin d'acquitter le bon, nous avons toujours le soin d'épargner cette peine à nos clients... d'autant plus que depuis la Révolution qui a enrichi tant de monde, nous en avons beaucoup qui ne savent pas écrire.

— Est-ce pour moi que tu dis cela... myrmidon ?

— Ah! par exemple, général..., la preuve du contraire, c'est que je vais vous prier de me donner un reçu de cette somme.

Le général caresse sa moustache, fait quelques tours dans la chambre et dit au petit bossu qui se donne un air sérieux tout-à-fait comique.

— Tiens, voilà du papier, des plumes, tout ce qu'il faut pour écrire, fais toi-même le reçu, que je n'aie plus qu'à apposer ma parapahe...

— Votre patte... Ah! comme il vous sera agréable, général..... Je comprends, vous aimez autant ne pas écrire !

M. Taquinet vient à peine de faire le reçu que le général a signé, lorsque Gustave revient à Saint-Mandé, amenant le notaire.

Il est probable que le petit bossu n'avait pas fait la route en se pressant, puisque son patron le suivait de si près.

— Déjà le patron! s'écrie Taquinet, il paraît qu'il tenait à ne point me perdre de vue..... Ah! je comprends, m'ayant confié trois cent mille francs...

— En effet, dit Moulinard en souriant, il aurait pu vous arriver quelque accident.

— Ah! oui, comme de prendre mes jambes à mon cou, par exemple, et de ne plus revenir...

— Non, monsieur Taquinet, je ne vous crois pas capable d'un trait de cette espèce.

— Ah! quelquefois... on ne sait pas... une idée biscornue... il y a tant de fripons dans ce monde!... en attendant, soyez calme, voici le reçu du général. Moi je vais me rendre à l'office; il y a de bon vin ici! ce n'est pas comme chez vous... on ne vous force pas à en faire de l'abondance.

Taquinet est allé se régaler à l'office, Gustave et Adolphine parlent de leur amour, du bonheur que l'avenir leur promet.

L'ex-vivandière regarde et écoute les amoureux en souriant de leurs charmants projets. Le notaire est resté seul dans le salon avec le général qui lui dit :

— Il s'agit ici d'un contrat de mariage, papa Moulinard... C'est ma fille, mon unique enfant, dont je veux assurer l'avenir... Moi, j'ai été un luron... j'ai fait pas mal de bambouches dans mon temps... j'ai fait rouler les petits écus, aussi je ne possède guère que ces trois cent mille francs que vous venez de m'envoyer... et puis ma paye, mon grade, ma solde... Mais une fois ma fille mariée, il ne m'en faut pas tant à moi!... Nous allons arranger tout cela pour que cette petite ait de quoi s'acheter des dragées... Les femmes aiment les bonbons.

— Général, si vous aviez voulu me laisser vos trois cent mille francs, je les aurais fait valoir fort avantageusement.

— Oh! maintenant cette somme n'est plus à moi, je vais la donner pour dot à ma fille.

— Comment... tout entière, général?

— Ma foi oui.

— Et s'il ne vous reste plus rien?

— J'ai ma paye...

— Mais si vous vous trouviez gêné?

— Quand je n'aurai pas de quoi faire un bon *fricot*, j'irai demander à dîner à mes enfants.

— Général, il vaudrait bien mieux qu'ils vinssent dîner chez vous.

— Papa Moulinard, vous êtes un parfait notaire, mais laissez-moi faire ma cuisine à ma guise. Quand j'ai mis une idée dans ma caboche, il n'y a qu'un boulet qui pourrait la faire déloger.

Le général se disposait à dicter ses volontés au notaire, lorsque son domestique entre et lui dit :
— Il y a là un monsieur qui demande à vous parler, général.
— Je n'ai pas le temps !
— Je lui ai dit que vous étiez en affaires, il a insisté.
— Envoie-le promener ! On ne marie pas sa fille tous les jours, c'est bien le moins qu'on me laisse tranquille aujourd'hui.
Le domestique s'éloigne, mais il rentre bientôt et dit quelques mots à l'oreille de son maître. Le général semble étonné, puis répond :
— Alors, c'est différent... nous allons l'entendre cet oiseau-là, mais je ne devine guère ce qu'il peut avoir à me chanter... je passe dans mon cabinet, fais-l'y venir ; vous, Moulinard, attendez-moi ici, griffonnez toujours vos préliminaires, vos petites phrases de chicane !... Oh ! j'espère que vous ne m'attendrez pas longtemps.
Le général passe dans son cabinet, où bientôt Baptiste introduit un monsieur vêtu en bourgeois, lequel, sans beaucoup de formes et de politesse, dit au maître de la maison :
— Vous êtes le général Desparville ?
— Il me semble que vous devez le savoir. Mais je vous avoue que je ne comprends pas ce qu'il peut y avoir de commun entre nous.
— Vous avez connu le major Dorbecourt ?
— Oui, c'est une mauvaise tête, mais un bon diable... il a pris à tort de l'humeur contre le premier Consul.
— Il a fait plus, il a trempé dans une conspiration que l'on vient de découvrir.
— C'était un cerveau brûlé ! Mais qu'est-ce que cela me fait à moi ?
— Voici une lettre que l'on a trouvée chez le major en faisant perquisition dans ses papiers. La reconnaissez-vous, général ?...
— Eh ! oui, sacrebleu ! elle est de moi ;... c'est bien facile à reconnaître, je crois que je n'en ai pas écrit trois mille dans ma vie ; et puis mon écriture se voit de loin...
— Cette lettre, que vous adressiez au major Dorbecourt, vous compromet gravement, général.
— Qu'est-ce que j'ai donc mis là-dedans de malsain ? — Lisez vous-même.
Le général prend la lettre et lit :
« Mon cher Dorbecourt, disposez de moi, je suis un ami solide... « Vous n'avez qu'un mot à dire, et je vous envoie des munitions ; là-« dessus, je vous serre la main. »
Après avoir lu, le général regarde l'agent de police en s'écriant :
— Je ne vois pas qu'il y ait là-dedans de quoi tuer une mouche..... Le major était malheureux, il avait quitté le service, je lui proposais de l'argent, voilà ce que j'entendais par des munitions... Vous secouez la tête... est-ce que vous ne me croyez pas ? mille fusillades !...
— Général, ce n'est point à moi de vous juger...
— Mais Dorbecourt doit avoir été le premier à me rendre justice, il sait bien que je n'ai jamais approuvé ses ressentiments.....
— Le major n'est plus, il a mis fin à ses jours dans sa prison.
— Il s'est tué...... pauvre Dorbecourt...... cela me fait de la peine.

— Et vous, général, j'ai ordre de vous arrêter... de vous conduire sur-le-champ au château de Vincennes....
— M'arrêter ! quoi... il serait possible ! Comment pour une lettre... pour un malheureux brimborion de papier... Eh bien ! n'avais-je pas raison de dire que l'écriture est une invention du diable..... n'y a-t-il pas eu un malin de l'antiquité qui disait : « Avec deux mots de l'écriture de quelqu'un il y a toujours moyen de le faire pendre. » Je crois que c'est un vieux Romain qui disait cela...
— Général, veuillez faire vos dispositions.
— Accordez-moi un jour de répit... j'allais marier ma fille...
— Je ne puis vous accorder que dix minutes, ce sont mes ordres.
— Bigre !... ils sont rigoureux à ce que je vois. N'importe, monsieur, je sais ce que c'est qu'une consigne..., et j'obéirai. Permettez-moi de passer dans mon salon pour parler à mon notaire. Oh ! vous pourrez ne point me perdre de vue.

Moulinard était resté dans le salon où il préparait le contrat. Le général l'aborde d'un air agité, et lui dit à demi-voix :
— Il ne s'agit plus de mariage, mon cher Moulinard, un coup imprévu vient de me frapper. J'ai eu la bêtise d'écrire une lettre..., on vient m'arrêter. J'aime à croire que mon innocence sera reconnue ; reprenez ce bon de trois cent mille francs. C'est la fortune de ma fille... ; faites-la valoir, gardez-la-lui... Oh ! je connais votre probité, et s'il m'arrivait un malheur, du moins cette pauvre petite ne sera pas sans ressources...
Moulinard s'empresse de prendre le bon que le général lui présente, en balbutiant :
— Comment ! il serait possible..., je n'en reviens pas... Voulez-vous un reçu, général ?
— Non, ce n'est pas la peine... Entre honnêtes gens, à quoi bon ? Mais vous la protégerez si ma captivité se prolongeait...
— Ah !... général..., mon dévouement, mon zèle..., mon honneur...
L'arrivée des deux amants et de la veuve Bloquet le dispense d'achever.

Ah ! ma mère... répond Gustave en se laissant aller sur un siège.

Étonnée de la longue absence de son père, Adolphine venait savoir quelle était cette visite qui pouvait retenir le général.
En apercevant sa fille, le général se sent pâlir ; bientôt, rappelant son courage, il va à elle, et la presse dans ses bras en lui disant :
— Ma chère Adolphine, nous ne pouvons signer le contrat en ce moment. Une affaire importante m'appelle à Paris...
L'agent de police ne perdait pas de vue le général.
— Comment, mon père, vous allez nous quitter maintenant ! s'écrie Adolphine.
Gustave, qui avait remarqué la pâleur et le trouble secret de celui qu'il allait nommer son père, lui dit aussitôt :
— Général, ne me permettrez-vous pas de vous accompagner ?
Le général regarde l'agent, qui fait un léger signe de tête ; alors le père d'Adolphine répond :
— En effet, Gustave..., ta présence peut m'être nécessaire... Viens avec moi, j'y consens.

— Oui, dit la veuve Bloquet, ne quitte pas ton général...; comme cela nous serons plus tranquilles.

— Allons, embrasse-moi, ma fille.., et prends patience... Sacrebleu ! c'est une nuage qui passe!... mais ça ne sera rien ! Comme dit la chanson : *Mais enfin après l'orage, on voit venir le beau temps.*

Le général a pressé sa fille dans ses bras, puis il se hâte de partir avec Gustave, qui regarde sa bien-aimée tant qu'il peut l'apercevoir.

Les deux femmes restent seules et tristes dans la maison de campagne.

Moulinard s'est hâté de prendre congé; il est parti avec Taquinet, qui a fort bien occupé son temps à l'office, et qui, soit que le vin ou son prochain voyage lui monte la tête, a l'air encore plus goguenard avec son patron, auquel il répète tout le long du chemin :

— C'est un fameux client que le général, n'est-ce pas, patron?... seulement une douzaine comme ça, et vous vous arrondiriez presque autant que je le suis en ce moment... J'ai deux bossés..., parole d'honneur, j'en ai deux, comme polichinelle !... Ah! dame, j'ai mangé comme cela ne m'était jamais arrivé chez vous.

Le notaire laisse dire son clerc, il ne lui répond rien, car il semble extrêmement préoccupé.

V.

ROUTE DE SAINT-MANDÉ A PARIS.

Le notaire et son clerc s'en revenaient de Saint-Mandé à pied; à la vérité, vous voudrez bien remarquer qu'à l'époque où se passent les faits que nous vous racontons, les omnibus, cette invention si bonne pour nos jambes et si malheureuse pour les cordonniers, les omnibus, disons-nous, n'étaient point encore connus à Paris et dans la banlieue, et on ne pouvait pas se donner le plaisir, moyennant des correspondances, de faire à peu près deux lieues pour six sous.

Mais en revanche, les coucous brillaient du plus vif éclat, les coucous qui n'avaient pas encore été détrônés par cette multitude de locomotives et de chemins de fer qui réduisent la distance à l'état d'illusion, les coucous étaient en pleine activité à Vincennes et à Saint-Mandé comme dans tous les environs de Paris, et s'il fallait donner un peu plus de six sous pour revenir en voiture dans la capitale, le prix n'était cependant pas tellement élevé qu'un notaire ne pût point faire à son clerc la galanterie d'une place en *lapin.*

Cependant M. Moulinard n'avait pas même jeté un regard sur les véhicules rassemblés sur la place, il avait été sourd aux cris des cochers, dont quelques-uns... cela n'était point rare alors, allaient jusqu'à appréhender au corps les modestes piétons, et, les enlevant à la force du poignet, les jetaient à tête ou pile sur les banquettes de leur cabriolet en leur répétant pendant trois quarts d'heure :

— Nous partons, mon bourgeois, nous partons tout de suite.
— Paris ! Paris ! Paris ! v'là que nous roulons !...
— Paris ! Paris ! Paris ! encore un lapin et nous sommes complets !...
— Ne bougez donc pas, bourgeois, puisqu'il ne nous faut plus que des lapins !

Taquinet, qui était déjà fatigué d'être venu à pied, avait espéré que son patron le ferait revenir en coucou. Aussi dans un moment d'humeur, en s'apercevant que le notaire passait raide devant chaque voiture, sans même répondre aux cochers qui leur proposaient des places, le petit bossu, se dirigeant à dessein du côté d'un groupe de conducteurs, s'était laissé saisir et presque enlever par eux. L'un le tenait par son bras, l'autre par le pan de son habit, un troisième le soulevait par sa bosse, et Taquinet se laissait tirailler, en criant à tue-tête :

— Monsieur Moulinard, n'allez donc pas si vite... Ils sont capables de me mettre dans leurs coucous... Ils ne veulent pas me lâcher... Ils nous ramèneront tous les deux pour vingt-quatre sous ;... ce n'est pas cher... Écoutez donc un peu leurs propositions... Je ne peux pas me dépêtrer de leurs mains...

Quoi donc, gendarme! qu'est-ce qu'il y a, est-ce que nous ne valsons pas comme tout le monde?...

Mais le notaire n'écoutait rien et continuait sa marche d'un pas pressé, sans même tourner la tête vers son clerc ; force avait été à celui-ci, qui ne voulait pas non plus dépenser douze sous pour le service de l'étude, de se faire déposer à terre par les cochers de coucous et de se décider à suivre le notaire.

Mais Taquinet, furieux contre M. Moulinard, marronnait, murmurait, bougonnait tout le long du chemin, et les mots de *cuistre,* de *ladre,* de *fesse-Mathieu,* s'échappaient de sa bouche avec assez de force pour parvenir aux oreilles de Moulinard, si celui-ci n'avait pas été entièrement absorbé par l'idée qu'il avait sur les trois cent mille francs du général.

Le précieux bon sur la caisse d'escompte, enfermé dans un petit vieux portefeuille de cuir, dont on ne pouvait plus deviner la couleur, avait été placé par le notaire dans la poche gauche de sa culotte (on portait alors des culottes, ce qui n'était nullement désagréable pour les hommes qui avaient la jambe bien faite). Mais pour plus de sûreté, et de crainte sans doute que le bienheureux portefeuille ne vint à sortir de la poche, qui était cependant très-profonde, Moulinard avait sa main gauche dans cette même poche, où elle caressait et pressait constamment le dépôt qu'on lui avait confié.

Et il fallait malgré cela que des pensées bien profondes occupassent l'esprit du notaire, car souvent, au beau milieu de la route, il s'arrêtait en faisant un mouvement d'effroi ; probablement sa main gauche, habituée au contact du portefeuille, ne le sentait plus, alors Moulinard regardait de tous côtés en s'écriant :

— Ah ! mon Dieu ! est-ce que je l'aurais perdu ?...

Puis il se tâtait de son autre main, et ce n'était qu'en faisant agir la gauche qu'il s'apercevait enfin que celle-ci tenait toujours le trésor.

Alors le calme, la satisfaction renaissaient sur la physionomie hypocrite de ce monsieur, qui se remettait en marche en murmurant :

— Trois cent mille francs.... trois cent mille francs... Et nous n'étions que nous deux,... et il n'a pas voulu de reçu,... et on vient de l'arrêter,... et on ne sait pas ce qui peut lui arriver... Le premier Consul ne plaisante pas... Avec lui, on est jugé promptement... Hum ! trois cent mille francs !

Taquinet, qui s'était décidé à suivre son patron et avait inutilement essayé d'entamer la conversation, observait attentivement Moulinard, en se disant :

— Il est bigrement préoccupé... il ne fait pas plus attention à moi que si j'étais un chien. C'est-à-dire que si j'étais un chien, il s'en occuperait davantage... il aurait peur de me perdre.... Je lui parle et je suis sûr qu'il ne m'entend pas... Je parie que je lui dis des sottises et qu'il ne se retourne pas... On dirait parfois qu'il a des crispations... et sa main gauche qui est collée dans son gousset... à la troisième capucine ;... il ne l'ôterait pas de là pour un empire... Il faut que j'essaye de le distraire.

Et le petit bossu, après avoir toussé deux ou trois fois et fait plusieurs pas en sautillant pour être tout près du notaire, lui dit en continuant d'allonger ses enjambées, afin d'aller aussi vite que son patron :

— Dites donc, monsieur Moulinard, savez-vous que vous marchez d'une vitesse.... nom d'un petit bonhomme ! si la rate ne vous gonfle pas, c'est que vous êtes dératé apparemment... Vous savez qu'il y a des gens qui sont dératés ; je ne me suis jamais expliqué comment on pouvait se débarrasser de cette partie de notre individu. Je ne sais pas vous apercevez que pour vous suivre je suis obligé de danser la sauteuse... et depuis Saint-Mandé jusqu'à Paris, je vous m'obligez à sauter toujours, ça sera un exercice bien fatigant... Je sais bien que cela me fera digérer plus facilement.... et je viens de me livrer à un mouvement de mâchoires inusité, quand on a l'honneur de vivre dans votre étude.... Ah ! je n'en puis plus, parole d'honneur... Si vous ne ralentissez pas votre marche, je ne pourrai jamais vous suivre ;... je suis susceptible de crever.

Le notaire continue de marcher aussi vite sans répondre une seule parole au petit bossu.

Taquinet s'arrête un moment pour souffler.

Quand il veut se remettre en route pour rattraper Moulinard, celui-ci est déjà fort loin de lui. Alors, au moment de se décider à courir, Taquinet réfléchit et se dit :

— Pardieu ! je suis bien bête... et, vraiment, cela m'étonne, parce que ce n'est pas mon habitude... Pourquoi diable irais-je me donner une fluxion de poitrine en essayant de suivre ce grand vilain cerf, qui s'en va là-bas comme s'il avait une meute à ses trousses, et qui ne daigne pas seulement répondre à ce que je lui dis ? Il paraît alors que cela lui est assez égal que je le suive... Eh bien ! puisqu'il en est ainsi, laissons-le aller !... ne le suivons pas... Après tout, qu'ai-je besoin de me gêner, je pars après-demain pour l'Allemagne... Au diable l'étude, le travail, les écritures ;... je vais me donner de l'air,... de la liberté... Ah ! c'est si bon, la liberté !... surtout quand elle ne règne pas ! car lorsqu'elle régnait, ah ! fichtre, elle traitait ses sujets comme des nègres... Mais je parle, moi, de cette véritable liberté que peut goûter un honnête homme ; de cette liberté qui ne verse pas le sang, qui ne commande pas le meurtre, le vol, le sacrilège ;... qui ne dresse pas des échafauds, qui ne fait pas des listes de proscription, qui ne force pas les gens sages à gémir et l'innocence à trembler.

— Tiens ! voilà que je fais des phrases... et que je m'écarte de ma première idée... Moulinard s'en va toujours... c'est-à-dire que je ne le vois plus... bon voyage... Pardieu !... je vais profiter du temps qui me reste, et, avant de partir pour l'Allemagne... où je vais essayer de trouver une femme qui veuille de moi... j'ai bien envie d'aller dire adieu à celle... à celle...

Ici, le petit bossu devient sérieux, triste même ; un gros soupir s'échappe de sa poitrine ; il tire de sa poche son mouchoir à carreaux rouges et se mouche à plusieurs reprises, en disant :

— J'aurai beau faire ! je penserai toujours à cette femme-là !... Les plus belles Allemandes, les plus beaux plats de choucroute ne me la feront pas oublier... Il y a des gens qui se figurent que parce qu'on a une protubérance sur le dos, cela doit empêcher de ressentir les atteintes de l'amour... Ça n'empêche rien du tout... au contraire... on aime d'autant plus fort... qu'on aime tout seul. O mademoiselle Claquette !... vous avez été bien dure à mon égard ;... vous n'avez jamais eu pitié de mes souffrances... J'ai même dans l'idée que vous vous êtes moquée de moi, et tout cela ne m'empêche pas de tressaillir toujours à votre souvenir... et de sentir mon cœur faire des soubresauts comme s'il voulait me quitter pour aller se glisser sous n'importe quoi de ce qui vous touche... Ma foi, c'est décidé, je vais aller lui faire mes adieux, lui annoncer que je pars pour l'Allemagne,... que je vais m'y marier... Si cela pouvait lui faire de l'effet, à cette divine Claquette... Que sait-on ? les femmes sont essentiellement capricieuses, et quand elles voient qu'on ne veut plus d'elles, c'est alors qu'elles sont envie de nous... Me voici dans le faubourg Saint-Antoine... Cette femme adorée demeure rue Saint-Paul, cela ne me dérangera pas beaucoup... D'ailleurs, quand même ça me dérangerait, j'irais tout de même, le Moulinard dira ce qu'il voudra... Mais il ne pense pas à moi, il est trop occupé de ce qu'il a dans sa poche... Que diable peut-il donc avoir de si précieux dans sa poche ?...

Enchanté de son idée, et déjà tout ému en songeant qu'il va revoir l'objet de ses amours, Taquinet double le pas, ou plutôt il sautille tout le long de la route comme s'il enjambait continuellement des ruisseaux. Arrivé sur la place de la Bastille, comme son émotion ne faisait que croître, et la manière dont il avait descendu le faubourg Saint-Antoine n'était pas fait pour le calmer, le petit bossu se décide à prendre quelque chose pour se remettre, se rafraîchir et se donner du courage.

Après y avoir quelque temps réfléchi, Taquinet se décide pour un verre de coco qu'il avale tout d'un trait.

Ceci nous prouve que sous le consulat cette boisson bénigne et peu coûteuse était déjà connue. Que de choses ont passé !... et le coco est resté.

VI.

LES AMOURS DE TAQUINET.

Dans une assez vilaine maison de la rue Saint-Paul, où l'on pénétrait par une allée sombre, ornée de trappes, ouvrant sur un escalier qui descendait à la cave, construction fort commune autrefois et qui ne faisait point honneur aux architectes, car elle exposait à chaque instant les personnes qui se hasardaient dans l'allée à dégringoler dans les caves, lorsque la trappe n'était point fermée, ce qui devait arriver chaque fois qu'un des locataires allait chercher du vin.

Dans cette maison, logeait au quatrième au-dessus de deux entre-sols, qu'on s'obstinait à ne point regarder comme des étages, mademoiselle Claquette Tortillon, celle qui avait ensorcelé le clerc de M. Moulinard.

Et cependant mademoiselle Claquette n'était point un modèle de grâces et d'attraits ; bien loin de là, c'était une grosse fille, grande, mais lourde, tout en hanches et en gorge : de ce côté elle était amplement dotée par la nature ; sa peau n'était point blanche, sa bouche n'était pas petite, ses yeux n'étaient pas grands ; à la vérité, ils étaient très-noirs et brillaient comme ceux d'une souris ; son nez retroussé d'une façon audacieuse était toujours au vent, et semblait disposé à flairer les moindres paroles comme les plus légères odeurs ; des cheveux noirs, crépus, gras, et toujours fort mal peignés, surmontaient cette figure originale, que bien des gens se permettaient de trouver laide, mais que plus généralement on s'accordait à trouver drôle, parce qu'en effet il y avait dans la physionomie de mademoiselle Claquette quelque chose de hardi, de moqueur et de badin, qui pouvait se définir ainsi :

Mademoiselle Tortillon avait atteint son cinquième lustre, ce n'était donc plus une adolescente ; elle était encore fille, sans avoir cependant la réputation d'une rosière ; on s'était même permis de faire quelques cancans sur le compte de sa vertu ; la vertu d'une femme est chose si fragile ; il ne faut, dit-on, qu'un souffle pour la ternir, et il paraît qu'on avait considérablement soufflé sur celle de mademoiselle Claquette.

Cette personne intéressante était culottière de son état; elle travaillait pour le bourgeois, mais plus ordinairement pour le militaire, car à cette époque le militaire, qui n'était pas un moment en repos, devait user ses pantalons plus vite que les bourgeois; c'est probablement pour cela que l'on rencontrait souvent chez la grosse Claquette des uniformes de tous les régiments, de tous les corps d'armée; le sous-officier ou le modeste tourlourou venait se faire repriser, rapiécer par mademoiselle Claquette, qui excellait, disait-on, à recoudre les boutons, même dans les endroits les plus difficultueux et sans piquer la doublure.

Vous me demanderez comment un clerc de notaire avait pu avoir besoin d'employer les talents de la culottière. Je m'empresse de vous répondre que le hasard avait formé cette liaison. Vous savez que le hasard fait souvent des choses bien bizarres.

Sous le Consulat, puis sous l'Empire, une grande quantité de jardins, dans lesquels on donnait des fêtes, étaient ouverts aux habitants de Paris, qui n'avaient pas encore perdu entièrement le goût de la verdure et ne préféraient pas, comme aujourd'hui, le moellon au gazon.

Alors *Tivoli*, le premier, le grand, l'élégant Tivoli, situé rue Saint-Lazare et rue de Clichy, donnait au moins deux fêtes par semaine. Alors le jardin *Marbœuf* était ouvert, et ses pantomimes pyrotechniques attiraient les *muscadins* et les *muscadines*, qui frémissaient à la *Chute du Phaéton* ou aux *Forges de Vulcain*. Puis, *Frascati* était dans tout son éclat; sa maison de jeu attirait les étrangers et les heureux du monde; ses glaces captivaient les gourmands et ses bosquets plaisaient aux dames et aux amoureux.

Il y avait aussi l'*Elysée-Bourbon*, ce charmant jardin qui devint depuis le séjour de rois, de princes, et qui semble maintenant voué aux ambassadeurs. L'*Elysée-Bourbon* avait la vogue, car il possédait un chef d'orchestre dont les quadrilles étaient fort à la mode : c'était un mulâtre nommé *Julien*; il conduisait son orchestre avec beaucoup de goût et jouait lui-même du violon avec une grande facilité. Bref, Julien fut le *Musard* de l'époque du Consulat; on allait à l'Elysée-Bourbon pour entendre ses contredanses; on en revenait en les fredonnant; les Français ont toujours beaucoup aimé la musique dansante.

Je ne vous citerai pas une foule d'autres jardins... les *Château-Rouge* d'alors, tels que le jardin *Ruggieri*, le *Colisée*, *Idalie*, *Paphos*, etc., etc.!...

Comme nous avons changé d'aspect!...

Des maisons s'élèvent sur presque tous les emplacements témoins de quadrilles si aimés, de valses si entraînantes, et de mille autres jolies choses que je ne vous dirai pas, mais que vous devinerez très-bien... Ah! franchement, les jardins étaient plus agréables pour la vue.

Ce fut à *Paphos*, espèce de bastringue, qui était situé au coin de la rue du Temple et du boulevard, que Taquinet rencontra mademoiselle Claquette.

Paphos était un des plus petits et des plus modestes jardins de l'époque; il n'était pas fréquenté par les classes élégantes, mais il était très-suivi par les grisettes. On n'y tirait point de feu d'artifice, vu l'exiguïté de l'emplacement, mais on y dansait à très-bon marché; enfin, il y avait des bosquets privés de lanternes, ce qui en faisait le charme.

Ce soir-là, Taquinet, qui avait économisé quelques écus *à la vache* (il y avait alors des écus à la vache), Taquinet, cherchant à s'amuser et brûlant du désir de faire connaissance plus ou moins honnête, était entré à *Paphos*.

Là, il regardait danser et il lorgnait les grisettes, tout aussi bien qu'un homme de cinq pieds six pouces, mieux peut-être, car il y a un proverbe qui dit :

« Dans les petites bottes, les bons onguents. »

Bientôt Taquinet s'était senti séduit, fasciné; il venait d'apercevoir mademoiselle Claquette, qui dansait avec tout l'abandon d'une culottière.

Dans ce temps-là on ne connaissait pas encore le cancan ni la chahut, mais il est probable que l'on remplaçait cela par autre chose.

De tout temps les femmes ont su donner à leur danse cette allure qui indique les sentiments dont elles sont animées, et fait comprendre aux hommes dans quelle catégorie elles doivent être rangées.

Taquinet avait peine à se contenir; il suivait tous les mouvements de mademoiselle Tortillon, il ne tenait plus en place; ses pieds rebondissaient sur le sable, il lui semblait que toute sa personne se changeait en ballon.

Après la contredanse était venue la valse, la valse avec toutes ses séductions, ses emportements, ses abandons voluptueux, son rhythme entraînant.

On n'avait pas encore eu l'idée de valser à contre-mesure, ce qui veut dire en *deux* temps quand l'orchestre joue *en trois*. Cette idée-là n'a pu venir que dans une tête bien mal organisée pour la musique! Mais alors on s'attachait, au contraire, à bien marquer les temps et on n'en valsait que mieux.

La grosse Claquette se laissait aller dans les bras, sur l'épaule, sur toute la personne de son danseur avec un abandon qui devait donner une très-bonne opinion de la force de son valseur.

Celui-ci l'entraînait en fendant la foule; rien n'arrêtait le couple tournoyant, et malheur à ceux qui ne l'avaient pas vu venir et restaient sur son passage, ils étaient rudement jetés de côté et quelquefois à terre.

Pendant le commencement de la valse, mademoiselle Claquette avait perdu un petit fichu qui était jeté sur ses épaules, un peu plus tard son bonnet s'était envolé, puis son peigne s'était détaché et avait suivi le bonnet, si bien que ses cheveux, agités par le mouvement de la valse, flottaient au gré de la mesure, couvrant parfois le visage de la grosse fille, qui dansait tout en aveuglant son valseur; enfin, après le peigne, une jarretière s'était aussi détachée, et le bas était descendu sur le talon de la valseuse; rien de tout cela n'avait arrêté le couple intrépide, et si l'orchestre n'eût cessé de jouer, on ne sait pas ce que mademoiselle Claquette aurait encore perdu et comment elle aurait achevé sa valse.

Taquinet avait été témoin de tout cela; il avait continuellement couru sur les traces des valseurs, recevant des coups de poing de l'un, des coups de coude de l'autre, souvent même attrapant des coups de pied; mais rien ne l'avait arrêté, car il ne pouvait se lasser de voir valser Claquette, et, de plus, il ramassait avec soin tout ce qu'elle perdait en tournoyant.

Si bien que, la valse terminée, mademoiselle Claquette Tortillon, qui venait d'aller avec trois de ses amies s'asseoir devant une bouteille de bière et une corbeille d'échaudés, fut fort étonnée en voyant s'arrêter devant elle un petit bossu qui la saluait jusqu'à terre... il n'avait pas besoin de se courber beaucoup pour cela, en lui disant :

— Permettez-moi, mademoiselle, de vous rapporter différents objets que vous avez perdus tout à l'heure en valsant, et que j'ai été assez heureux pour ramasser.

Au lieu de commencer par remercier celui qui lui rendait ce bon office, la jeune culottière, ayant envisagé Taquinet et promené son regard moqueur sur toute la personne du clerc de notaire, ne partit à partir d'un éclat de rire fort incivil, et ses trois compagnes, joyeuses grisettes de son quartier, l'une chamareuse, l'autre brunisseuse, et la dernière polisseuse, firent chorus avec elle, en toisant aussi Taquinet.

Mais le petit bossu avait l'esprit mieux fait que sa personne; d'ailleurs il était éperdument amoureux, et on pardonne tout, ou du moins presque tout, à la personne qui nous plaît. Les plus grosses sottises qu'elle débite nous semblent quelquefois être des mots spirituels, ce qui prouve que l'amour nous rend tout aussi sourds qu'aveugles; ce petit dieu nous gratifie d'une foule d'infirmités.

Au lieu de se fâcher, Taquinet se mit donc à rire avec ces demoiselles, et murmurant :

— Vous me trouvez plaisant, hein? Je gage que c'est mon aspect qui vous fait rire...... Eh bien! parole d'honneur, je n'en fais jamais d'autre... Je porte la gaieté avec moi, sur mon dos; c'est un blague qui ne me quitte pas; ça me suit partout, et c'est très-flatteur... sans que ça paraisse... c'est-à-dire quoique ça paraisse... eh! eh! eh!... Faire rire les dames, les jeunes filles, c'est si gentil... Aussi, vous me croirez si vous voulez, mais on m'offrirait cent mille francs de ma bosse que je ne la donnerais pas... non, mesdemoiselles, je sens qu'il me serait impossible de m'en séparer.

Ce langage mit fin aux rires des grisettes; on ne se moque plus de quelqu'un qui se tourne lui-même en ridicule.

Claquette prit tout ce que lui présentait Taquinet, en s'écriant :

— Comment, j'avais perdu tout cela!

— Oui, mademoiselle; est-ce que vous ne vous en étiez pas aperçue?

— Du bonnet seulement, mais pas du reste... J'avais envie d'aller chercher dans le bal, car ces demoiselles me disaient : A quoi bon! on aura trépigné sur ton bonnet, il ne doit plus être mettable.

— On n'a trépigné sur rien, mademoiselle; j'ai été assez heureux pour ramasser chaque objet au moment même où il venait de tomber...

— Vous valsiez donc à côté de moi ?

— Non, je ne valsais pas... mais je vous suivais des yeux et même des jambes... Vous avez tant de grâces... vous valsez si bien... si légèrement.

— Vous trouvez : ce n'est pas ce que mon valseur m'a dit, ce pétras-là... Il prétend que je suis lourde ; et, quand nous avons eu fini, il s'est écrié : Dieu, quel tirage ! j'ai eu la saignée sans connaissance... Il me semble pourtant que j'avais joliment jeté mon lest en route... un bonnet, un fichu, un peigne...

— Et une jarretière, dit Taquinet en tirant de dessous son habit cet objet qu'il avait gardé pour le dernier et qu'il considérait d'un œil de convoitise.

— Tiens ! une jarretière aussi... c'est pourtant vrai... je sens à présent que j'ai un bas sur les talons, et dans le feu de la valse je .ne m'en étais pas aperçue... Oh ! c'est qu'alors on est tellement échauffée... Voyez-vous, quand je valse, on me donnerait un lavement que je ne le sentirais pas...

— Il me semble, dit la chamareuse, que ce serait alors tout aussi difficile à donner qu'à recevoir...

— C'est un essai qu'il faudra faire un soir entre amies, en mangeant des marrons et du cidre.

— Eh bien ! mon petit bel homme, donnez-moi donc cette jarretière que vous regardez comme si c'était un vrai rubis.

— Ah ! mademoiselle, je la contemple avec amour, en effet... car elle est bien heureuse cette jarretière... Quand je songe à ce qu'elle presse... à ce qu'elle entoure...

— Oh ! voyez donc comme ce monsieur se monte... Pardi ! elle entoure ma jambe, et voilà tout.

— Et n'est-ce donc pas assez que votre jambe !..... Fortunée jarretière !.. La placez-vous au-dessus ou au-dessous du genou ?

— Au-dessus, si vous voulez bien le permettre... Par exemple, il n'y a que les Lapones qui jarretent au-dessous.

— Au-dessus !... Ah ! elle triple de valeur alors... et si vous me permettiez de la rattacher moi-même...

— As-tu fini, Biribi !... Comment ! vous avez de ces idées-là, monsieur !

— J'en ai une foule d'autres, mademoiselle. Et, d'abord, permettez-moi de vous dire que, lorsqu'on vient de valser et de s'échauffer comme vous venez de le faire, c'est fort imprudent de boire de la bière... c'est du punch qu'il vous faut.

— Mais cela me sourirait assez... nous l'aimons beaucoup, n'est-ce pas, mesdemoiselles ?...

— Certainement... Et si monsieur veut nous en offrir, nous daignerons l'accepter.

— Vous comblez mes désirs, mesdemoiselles !... Du punch ! garçon... ici, un bol de punch au rhum, et que ça flambe !...

Les jeunes filles se regardent d'un air étonné ; mais on s'empresse de faire une place à Taquinet, qui s'assoit à côté de Claquette, en s'écriant :

— Suis-je heureux de tomber comme cela sur un *quatorze* de dames... Non, mesdemoiselles, j'espère que j'ai de la chance.

— Quatorze ! dit la polisseuse en ouvrant de gros yeux bêtes..., mais vous vous trompez, monsieur, nous ne sommes que quatre.

— Je vois que mademoiselle ne joue point au piquet, dit Taquinet en souriant.

— Non, monsieur, je ne joue qu'au jeu d'oie.

— J'aurais dû le deviner.

— Moi, j'ai compris, dit la chamareuse, Dieu merci, je connais les cartes ; chez ma mère, qui est portière, on joue au piquet toute la journée... quelquefois même toute la nuit. C'est une passion de mes parents... Leur loge est le rendez-vous de toutes les joueuses du quartier ; on y vient même de très-loin pour jouer ; c'est un petit tripot !... on fait jouer jusqu'au *faquetteur*, quand il apporte des lettres...

Le punch interrompt le bavardage de la chamareuse. Taquinet emplit les verres des grisettes, et celles-ci avalent la liqueur flamboyante comme si c'était de l'eau sucrée. Le petit bossu ne veut rien négliger pour se mettre dans les bonnes grâces de Claquette ; il demande des biscuits, des macarons ; il pousse à la consommation, et il a affaire à des personnes qui ne font point de façon pour accepter.

Mais tout en versant du punch à Claquette, Taquinet a entamé la conversation. Il connaît le nom, l'état et l'adresse de la jeune fille, et il lui a déjà demandé la permission de lui porter une culotte dont le fond a un besoin urgent de réparation. Cette permission lui a été octroyée sans la moindre difficulté, et le petit bossu nage dans un océan de délices, pendant que ces demoiselles se bourrent de macarons et s'humectent de punch.

Bientôt l'orchestre fait entendre le prélude d'une valse.

— J'ai bien envie de la pincer, dit Claquette en quittant la table ; je me sens en train de tourner à perpétuité... Ce punch ferait valser une borne.

— Ah ! mademoiselle ! s'écrie Taquinet en courant après la grosse culottière, de grâce, permettez-moi de valser avec vous...

— Comment ! est-ce que vous savez valser, répond Claquette en toisant le petit homme.

— Je n'ai pas encore essayé, mais je suis certain que j'irai ; je me sens les plus heureuses dispositions.

— Prenez garde, c'est que j'aime à aller vite.

— J'irai comme le vent.

— Je ne me repose jamais.

— J'en ferai autant que vous.

— Et si cela vous étourdit ?

— Je n'en tournerai que mieux.

— Vous le voulez...

— Je vous en supplie.

— Lançons-nous...

Et voilà Claquette et Taquinet qui se dirigent vers l'enceinte du bal.

L'orchestre jouait.

La culottière passe ses deux bras autour de son valseur ; mais, comme il était beaucoup plus petit qu'elle, elle ne rencontre que la tête du clerc de notaire ; c'est donc à cela qu'elle est obligée de s'accrocher ; si bien que le nez et tout le visage de Taquinet disparaissaient entre les deux seins de sa valseuse ; et, que de son côté, au lieu de tenir Claquette par les épaules, ses deux mains entouraient d'autres points d'appuis, très en relief, mais que l'on n'a pas l'habitude de palper en valsant.

Tout cela n'était nullement désagréable au petit bossu, mais paraissait passablement indécent aux personnes qui regardaient valser.

Taquinet ne faisait aucune attention aux murmures qui éclataient sur son passage ; il était persuadé qu'ils étaient causés par l'admiration ; car il valsait avec une intrépidité qui le surprenait lui-même.

Grâce au punch qu'elle avait bu, Claquette soutenait son valseur par la tête assez solidement pour qu'il ne pût lui échapper.

Mais tout à coup, un gendarme arrête le couple valsant en disant assez brutalement à Taquinet :

— Aurez-vous bientôt fini de tenir madame comme cela... Qu'est-ce que c'est que cette manière de valser...

— Quoi donc, gendarme... qu'est-ce qu'il y a... Est-ce que nous ne valsons pas comme tout le monde ?

— Non, monsieur... vous fourrez votre nez dans la gorge de madame ; vous avez l'air de teter en valsant... ça ne se fait pas.

— Mais, gendarme, où diable voulez-vous que je fourre mon nez... à moins que je ne valse avec mademoiselle en lui tournant le dos... ce n'est pas ma faute si ma figure n'arrive pas plus haut.

— Ça ne me regarde pas... et puis au lieu de mettre vos mains sur les épaules de votre valseuse, vous les appuyez beaucoup plus bas... c'est du joli...

— Mais je ne suis pas assez grand pour atteindre aux épaules de mademoiselle... il faut bien que je la tienne par autre chose...

— Quand on est bâti comme vous, on choisit une petite valseuse.

— Merci ! j'aime les belles femmes, moi... Voyons, mon bon gendarme ! laissez-moi profiter des avantages de ma taille.

— Non pas, mettez votre tête plus haut et tenez madame par les épaules, sinon je vous défends de valser...

— Mais nom d'un nom... je ne peux pas... à moins que mademoiselle ne se baisse... C'est vexatoire ! c'est arbitraire cela... Empêcher un homme de valser parce qu'il n'a pas cinq pieds... si c'est pour cela qu'on a détruit la Bastille, ce n'était pas la peine !...

Pendant que le petit bossu se dispute avec le gendarme, Claquette Tortillon a accepté l'invitation d'un autre valseur, et il y a déjà longtemps qu'elle valse, lorsque le gendarme dit en riant à Taquinet que sa danseuse ne l'a pas attendu et qu'elle a pris le bon parti.

Le petit clerc est furieux, il est réduit à courir de nouveau après l'objet qui le séduit, mais cette fois Claquette ne laisse rien tomber.

Après la valse, Taquinet paye encore des rafraîchissements aux quatre grisettes, puis enfin l'heure de la retraite étant venue et la pluie commençant à tomber, il offre un fiacre qui est accepté. Mais ces demoiselles étaient chacune douée d'un assez bel embonpoint, si bien que lorsqu'elles sont assises dans le fiacre et que Taquinet se dispose à y monter, Claquette lui dit :

— Mais où donc voulez-vous vous mettre? il n'y a plus de place...

— Ah! mademoiselle, en vous serrant un peu... je ne suis pas bien gros...

— Oh! nous ne pouvons pas nous serrer... nous étouffons déjà...

— Alors, j'ai envie de m'étendre à vos pieds.

— Par exemple! nous ne le souffrirons pas... nous pourrions marcher sur vous...

— Ça m'est égal.

— Non, non... vous verriez nos mollets.

— Ça me fera plaisir...

— Mais nous ne voulons pas vous les montrer... et puis au milieu de nous quatre vous auriez l'air du... vous savez... quand on joue aux quatre coins...

— Mais sapristi, mesdemoiselles, il faut pourtant que je me mette quelque part.

— Montez derrière... vous y serez très-bien.

— Derrière... Ah! vous trouvez que j'y serai bien... mais c'est qu'il pleut très-fort.

— Qu'est-ce que cela fait quand on va en voiture?

— Cela fait beaucoup quand on va derrière... Enfin... puisque vous n'avez pas de beaucoup d'imitateurs.

Et le pauvre Taquinet avait consenti à monter derrière le fiacre. Nouvelle manière de reconduire sa conquête, et qui probablement n'aura pas eu beaucoup d'imitateurs.

A la suite de cette soirée mémorable, on conçoit que le petit bossu avait été reçu chez mademoiselle Claquette Tortillon.

Mais malgré tous ses efforts pour lui plaire, malgré les petits cadeaux qu'il lui faisait et toutes les privations qu'il s'imposait pour faire le galant près de la grosse culottière, Taquinet n'avait jamais été mieux traité que le soir où il avait reconduit Claquette en fiacre.

La grisette acceptait ses présents, ensuite elle lui riait au nez; elle se moquait de lui, quand il poussait de gros soupirs; elle lui faisait des grimaces quand il lui parlait de son amour et, pour unique remède à sa flamme, lui conseillait de se faire descendre dans un puits.

Un jour cependant, le petit bossu avait trouvé la jeune fille toute triste et les yeux gros de larmes; il lui avait demandé la cause de son chagrin, et Claquette avait répondu en sanglotant :

— C'est que mon cousin est de la conscription et il va partir, vu qu'il n'a pas de quoi s'acheter un remplaçant.

— Et cela vous désole?

— Oh oui!...

— Et si quelqu'un se dévouait et partait à la place de votre cousin, aimeriez-vous alors ce quelqu'un-là?

— Je l'adorerais.

— Séchez vos larmes, votre cousin ne partira pas.

— Comment?

— Je vous dis qu'il ne partira pas.

Aussitôt Taquinet avait quitté Claquette, et dans son délire amoureux, il avait couru à sa mairie et s'était offert pour remplacer le jeune cousin de la culottière. Mais on avait eu l'incivilité de rire au nez du petit bossu et de le mettre à la porte des bureaux. Si bien que le cousin de la jeune fille était parti, et qu'en revoyant Taquinet, Claquette, furieuse, lui avait aussi fermé sa porte, en lui disant :

— Vous êtes un menteur, vous m'aviez dit que mon cousin ne partirait pas; vous m'avez attrapée, je ne veux plus vous voir.

Vainement Taquinet avait crié à la grisette :

— Ce n'est pas ma faute... Ils n'ont pas voulu m'accepter... même parmi les tambours... On me défend de servir ma patrie... c'est une infamie... c'était bien la peine de détruire la Bastille!

Claquette n'avait rien voulu entendre et Taquinet s'en était retourné à son étude en pleurant comme une biche.

Mais plusieurs années s'étaient écoulées depuis ces événements, lorsqu'en revenant de Saint-Mandé, il avait pris envie à Taquinet d'aller dire adieu à la culottière avant de partir pour le pays de la choucroute.

VII

COMMENT ON GUÉRIT DE L'AMOUR.

Avec le temps, Claquette Tortillon s'était consolée du départ de son cousin... les femmes se consolent toujours, les hommes aussi; ils ont parfaitement raison les uns et les autres.

D'ailleurs la constance n'était pas la principale vertu de la culottière; après le cousin qu'elle aimait tant, elle avait adoré un dragon, puis un cuirassier, puis un lancier, puis un hussard, puis un tirailleur, le tout sans préjudice de quelques petites passions bourgeoises, mais celles-là ne comptaient pas; Claquette ne notait sur ses tablettes que les militaires.

La journée était avancée, et la grosse fille épluchait des pommes de terre pour son dîner, lorsque la porte de sa chambre s'entr'ouvrit, et qu'une voix stridente, aiguë, fit entendre ces mots :

— Peut-on entrer sans indiscrétion?

Le son de cette voix frappe la grisette qui répond sans quitter ses pommes de terre.

— Mais, certainement que l'on peut entrer... Tiens... pas possible. Comment, c'est vous, monsieur Taquinet!

Le petit bossu s'avance tout ému et salue la culottière en répondant :

— Oui, mademoiselle, c'est moi... vous ne m'attendiez guère, hein?

— Ma foi non!... depuis si longtemps que l'on n'a pas entendu parler de vous! je vous croyais mort et enterré pour le moins.

— Pour le moins, bigre... qu'est-ce que vous voudriez donc qu'il m'arrivât de plus!

— Dame! est-ce que je sais...

— Non, mademoiselle, je ne suis pas mort... je me porte même comme un petit ange... Quant à vous, je ne vous demande pas de vos nouvelles... vous êtes toujours jolie, ravissante, séduisante, appétissante... vous êtes engraissée.

— Mais non... mais j'espère bien que non... Ne me dites pas cela, vous me désoleriez... j'ai une peur horrible de devenir énorme!

— Non, je me trompais... vous avez maigri, au contraire... vous êtes plus mince.

— Hom! cajoleur... qu'êtes-vous donc devenu depuis tant d'années?

— Eh! mon Dieu, belle Claquette, j'ai continué de *grossoyer!* de noircir du papier!... de faire des rôles...

— Vous faites des pièces de comédie?

— Non; les rôles que j'écris sont beaucoup moins amusants!...

— Et pourquoi avez-vous été tout ce temps sans venir me voir?

Ici Taquinet devient rouge comme une écrevisse... cuite... car les écrevisses n'ont pas l'habitude d'être rouges avant, et il répond, avec une émotion qui menace de tourner à l'inondation :

— Ah! mademoiselle... comment pouvez-vous me dire cela... quand c'est vous qui m'avez mis à la porte..... qui m'avez défendu de reparaître chez vous...

— Ah! bah!... vous croyez!... Ces choses-là on les dit quand on est en colère!... mais au bout de quelques semaines on n'y pense plus!...

— Quoi!... vraiment... vous ne m'en voulez donc plus?

— Moi! je ne me souviens pas même pourquoi je m'étais fâchée.....

— C'était à cause de votre cousin, que j'avais voulu remplacer...

— Ah! oui... Ma foi, vous auriez eu bien tort de le remplacer... il est maintenant officier... et l'uniforme lui va si bien... tandis que vous... il aurait fallu trop vous serrer dans votre habit...

Et mademoiselle Claquette se met à rire. Taquinet se redresse le plus qu'il peut, et s'empresse de dire :

— Je viens vous faire mes adieux, belle culottière, et vous demander si vous avez quelques commissions à me donner pour l'Allemagne.

— Tiens! vous partez pour l'Allemagne?

— Oui, mademoiselle.

— Qu'allez-vous donc faire par là?

— Mais... je vais me marier très-probablement.

La grosse fille laisse encore échapper un sourire moqueur, en murmurant :

— Est-ce que les Allemandes vous ont choisi, ou si c'est au hasard qu'elles vous prennent? C'est que, franchement, si elles ne sont pas prévenues, vous allez leur donner un drôle d'échantillon des Français!

Taquinet tâche de rire aussi en répondant :

— Mademoiselle, les Allemandes ont assez vu de Français bien bâtis et jolis garçons, on m'envoie près d'elles, parce que ça les changera. On dit que les bossus sont rares par là. Que sait-on, je vais peut-être y faire une foule de conquêtes... mais, quant à moi, je ne crois pas que l'on puisse me subjuguer... vous m'avez rendu trop difficile, belle Tortillon.

— Vous m'aimez donc toujours?

— Hélas oui...

— Comment, ça ne vous est point passé?

— Au contraire, je vous aime comme chez Nicolet...

— Et pourtant vous allez vous marier en Allemagne, petit monstre.

L'épithète de *petit monstre* rend Taquinet radieux.

Il court, il saute dans la chambre, il finit par renverser le poêlon où sont les pommes de terre.

— Vous faites de belles choses, dit Claquette. Vous renversez mon dîner!

— C'est votre dîner, cela... des pommes de terre...

— Mais oui... Oh! je ne nage pas dans les truffes, moi.

— Fi donc! des pommes de terre... ce n'est pas digne de votre palais.

— Il est joli, mon palais... il ressemble bien à une mansarde.

— J'ai voulu dire de votre bouche. Voyons, charmante culottière, permettez-moi d'aller chercher un pâté... une langue fourrée... des biscuits, du vin d'Aï et accordez-moi la faveur de partager ce repas avec vous.

— Tiens! mais cela me va beaucoup.

— Vous acceptez?

— J'accepte tout.

— Et nous dînerons ensemble?

— Comme de raison!

— Oh! je me sens haut de six pieds... je cours aux provisions.

— Et moi je vais mettre le couvert.

Taquinet est ivre de joie.

Il ne songe plus à son départ pour l'Allemagne; un regard de Claquette lui a fait oublier tous ses projets.

Il pense qu'il va dîner en tête-à-tête avec elle ; peut-être pense-t-il encore bien autre chose; ce qu'il y a de certain, c'est qu'il fait emplette d'un fort beau pâté, d'une belle langue, de plusieurs plats de dessert, d'une bouteille de Champagne, et qu'il revient chez la culottière chargé comme un mulet, mais amoureux comme un âne au printemps.

Le couvert n'était pas encore mis, mais mademoiselle Claquette avait donné des soins à sa toilette ; elle avait mis un fichu très-dégagé et un bonnet fort provoquant, et elle arrangeait ses cheveux en tire-bouchon, lorsque son convive revient.

Taquinet est flatté de voir que pour lui on a fait des frais de toilette, car il ne doute pas un moment que ce ne soit à son intention que l'on se soit fait de si beaux tirebouchons, et il s'écrie :

— Qu'avez-vous besoin de vous parer, ô délicieuse Claquette!... L'art n'est point fait pour vous... tu n'en as pas besoin!...

— Qu'est-ce que c'est? je crois que vous me tutoyez!

— C'est dans les vers.

— Tâchez de prendre un autre verre alors...

— Et ce couvert... ce couvert...

— Minute!... la foire n'est pas sur le pont!...

Et la culottière continuait de se bichonner, et Taquinet se disait :

— C'est pour moi qu'elle est si coquette! décidément elle veut me plaire... je crois que ce soir je serai un gueusard bien heureux... sapristi, l'Allemagne pourrait bien être enfoncée!

Enfin Claquette se décide à quitter son miroir.

Elle met le couvert, mais en flânant et sans se presser ; il semble qu'elle veuille gagner du temps.

Cependant tout est prêt enfin, et Taquinet, qui meurt de faim, conduit sa belle à la table et se dispose à entamer le pâté, lorsque des coups violents retentissent à la porte.

— Ah! mon Dieu, si c'était lui! dit Claquette en se donnant un air effaré.

— Qui lui? demande le petit bossu avec inquiétude.

— Eh mais... pardine... lui... mon mari.

— Comment, vous avez un mari à présent!...

— Tiens! pourquoi pas?

— Et vous ne m'en aviez pas parlé, ingrate!

— Je l'avais oublié...

— Qu'est-ce qu'il fait?

— C'est un dragon.

— Un dragon!... fichtre, si j'avais su cela, je ne vous aurais pas offert de dîner chez vous...

— Il était en mission... il ne devait revenir que dans deux jours... mais il frappe bien fort... c'est que s'il vous trouvait... il est très-jaloux et fort méchant, il commencerait par vous sabrer.

— Je ne veux pas être sabré...

— Alors, cachez-vous.

— Comme c'est agréable, au moment de dîner... mais où me cacher?

Claquette montre au petit bossu un cabinet qui était attenant à son alcôve et qui lui servait tout à la fois de garde-robe et de cabinet de toilette.

La porte était vitrée, mais un rideau de toile verte empêchait qu'on ne vît dans l'intérieur.

— Tenez, entrez là, dit la grosse fille, et attendez-y que je puisse vous délivrer.

Taquinet s'arrête à l'entrée du réduit obscur d'où s'exhale une odeur qui ne flatte pas son odorat ; il hésite, mais Claquette le pousse et referme la porte sur lui, en s'écriant :

— Dépêchez-vous donc, surtout tenez-vous tranquille ; ne faites pas de bruit, ne bougez point, car si on vous trouvait là, vous seriez sabré... mon mari est un tigre, la jalousie le rend féroce.

Taquinet se trouve donc enfermé dans un endroit dont il craint d'avoir deviné l'usage.

Il porte en tâtonnant ses mains autour de lui.

Il rencontre un vase de première nécessité, puis un de ces meubles de femmes que l'on n'a pas l'habitude de mettre en évidence.

Mais pas une chaise, pas une place pour s'asseoir, et Taquinet n'ose ni remuer ni respirer, de crainte de faire du bruit. Il se tient coi, en se disant :

— Comment, sapristi ! elle est mariée... et elle ne me prévient pas... et elle accepte mon dîner... c'est bien inconséquent... Voilà encore un mari qui me fait l'effet d'être dans les vulcains... il est entré, écoutons.

Le bruit d'un gros baiser annonce que le soi-disant mari a commencé par jouir de ses droits ; bientôt le cliquetis des plats, des assiettes, et le choc des verres fait soupirer Taquinet, qui se dit :

— Ils dînent, ils mangent ce que j'avais apporté... ils vont bien !... ils fonctionnent joliment ! ô mon pâté ! ô ma langue fourrée... tout va y passer !... Je les entends rire... il paraît qu'il est fort gai ce mari-là... Encore des baisers... il est donc bien amoureux de sa femme... Est-ce bien un mari qui est là... ô Claquette, si vous m'aviez trompé... Je crois qu'ils en sont au champagne... ils vont tout dévorer et moi je meurs de faim... si encore j'étais assis... les jambes me manquent... ma foi, j'ai envie de me mettre à cheval sur cette boîte à violon doublée en porcelaine... d'ailleurs, c'est fait pour cela.

Le petit bossu passe une jambe par-dessus le meuble de toilette et il s'asseoit en se disant :

— Au moins je serai mieux... je me reposerai, et j'ai le droit de me croire dans la cavalerie.

Mais bientôt une vive fraîcheur qu'il ressent à son fond de culotte lui fait comprendre qu'il prend un bain auquel il ne s'était pas préparé. En effet, le bidet de mademoiselle Tortillon était plein d'eau, l'obscurité du cabinet n'avait pas permis à Taquinet de s'en apercevoir, et en s'asseyant il venait de baigner cette partie de son individu qu'il avait posée dans ce qu'il appelait une boîte à violon doublée de porcelaine.

— Ah ! nom d'un chien ! murmure Taquinet en portant sa main à sa culotte. C'est plein d'eau... Ah crédié ! en voilà de l'agrément... ça me rafraîchit beaucoup, c'est vrai... mais je vais attraper un rhume... pas de cerveau... par exemple... comment faire... je ne veux pourtant pas rester là-dedans...

Taquinet fait un mouvement pour changer de position, mais un de ses pieds heurte un vase qui se renverse, et aussitôt on entend le dragon s'écrier :

— Qu'est-ce que c'est donc, Claquette ? j'entends du bruit dans ce cabinet : est-ce que vous auriez caché par-là quelque godelureau avec lequel vous me feriez des traits ?

— Mais non, mon ami, répond la culottière en faisant son possible pour ne point éclater de rire. C'est mon chat que j'ai enfermé là-dedans, parce qu'il n'a pas été sage... Il a fait des incongruités sous mon lit, et pour le punir je l'ai mis là-dedans au pain et à l'eau.

— A la bonne heure ! mais si ton chat ne se tient pas tranquille, je vais le trouver moi, et je lui coupe la queue à *razibus posterioribus*.

Taquinet frissonne, il n'ose plus bouger, la menace du dragon lui fait oublier qu'il a le derrière dans l'eau ; il n'essaie même plus de changer de position.

Un bruit qui se fait entendre tout près du cabinet lui apprend que les deux époux sont en train de se coucher.

— Diable ! le dragon se met au lit de bonne heure ! se dit Taquinet, il est fatigué apparemment. Tant mieux, après tout ! il sera plus tôt endormi, et je pourrai enfin me sauver... voilà une bonne fortune dont je me souviendrai longtemps.

Cependant on était couché, mais on ne dormait pas, et Taquinet continuait de pester et de jurer entre ses dents en se disant :

— Quel dragon !... Elle est jolie ma bonne fortune !... nom d'un petit bonhomme... et ma culotte est à tordre... bien certainement je tousserai de ce côté-là !... je serai bien gentil en société !...

On commençait à se taire du côté du lit, et le petit bossu se flattait qu'on allait s'endormir, lorsqu'on frappe plusieurs coups à la porte et en même temps une grosse voix se fait entendre dans un jargon moitié allemand et moitié charabia :

— C'être moi, monzelle Claque... ouvre tout de suite si vous plaît, j'affre un grand trou à ma pantalone. Tartief !... ouvre donc, monzelle Claque... che zais bien que fous y être... sacrement ! che veux que fous il raccommode encore mon déchirement, che beux bas m'en aller avec un trou qui être fort indécent.

Pendant que celui qui était sur le carré faisait entendre ces paroles, un grand mouvement s'était opéré dans l'alcôve. Le dragon s'était jeté à bas du lit, en murmurant :

— C'est cet imbécile de Tirmann... Je lui avais juré de ne plus venir te voir, sous peine de lui payer des huîtres tant qu'il pourrait

en manger... et c'est un gaillard qui est capable d'en manger toujours.

— Si je ne lui ouvrais pas...

— Oh ! je le connais, il resterait toute la nuit en faction à ta porte... il se doute peut-être que je suis ici.

— Cache-toi alors...

— Oui, je vais me fourrer dans ce cabinet noir qui est au pied de ton lit... Tâche de te débarrasser bien vite de Tirmann ; fais un simple surjet à son pantalon... Qu'est-ce que tu as donc à rire...

— Rien... rien... va te cacher... mais va doucement, il y a beaucoup de choses dans mon petit cabinet !... ne casse rien ?

Taquinet, qui vient d'entendre cette conversation, sent ses cheveux se dresser d'horreur sur sa tête ; il voit qu'il a été dupé par la perfide Claquette, dont le dragon n'a jamais été le mari. Un moment il a envie de sortir brusquement de sa retraite en la traitant comme elle le mérite ; mais il pense que le dragon prendra le parti de sa belle ; il craint toujours d'être sabré : il se borne donc à quitter la position humide qu'il occupait et à se retirer tout au fond du cabinet où il se blottit derrière de vieilles hardes ; il y est à peine que le dragon entre dans le cabinet dont il referme la porte sur lui... en jurant de nouveau après son camarade Tirmann.

Cependant celui-ci est entré, tenant à sa main un rat de cave allumé. La conversation s'engage entre lui et la culottière, qui est obligée de prendre son aiguille, son fil et de procéder aux réparations du pantalon de M. Tirmann, qui ne cesse de lui répéter :

— Donnez-fous le temps... monzelle Claque... il faut coudre très-fort... j'use tiaplement sur ma chival... donnez-fous le temps... Je être pas bressé... che suis si bien près de fous... vouloir fous que j'ôte ma pantalon pour mieux raccommoder ?

— Non, non, ce n'est pas la peine... je saurai bien recoudre cela sur vous.

— Ah ! mein gott ! fous il pique moi...

— Parce que vous remuez trop... Tenez-vous en repos et on ne vous piquera pas.

— Sacré mille tarteiff, que fous il y être cholie, monzelle Claque... Laissez un peu moi embrasser fous.

— Ne vous en avisez pas ou je vous pique...

— J'esbère que ma camarade, la dragonne, il venait plis rôder chez fous...

— C'est bon ! ne remuez donc pas !

— S'il venait encore, lui perdre à sa pari... et payer à moi des huîtres tant que j'en pouvoir avaler ?

— Est-ce que vous en mangez beaucoup de douzaines ?

— Oh ! monzelle, moi, pas comptir par douzaines, moi comptir par centaines !... Je être capable pour avaler plusieurs bourriches...

— Diable... quel mangeur... Allons, voilà mon fil qui casse à présent !

— Alors ce sera long ! murmure le dragon caché dans le cabinet... Ma foi... je vais aussi employer mon temps en ce cas... Justement j'avais mal au ventre... j'ai tant mangé de pâté ; mais ici je dois trouver mon affaire.

Et voilà le militaire qui tâtonne autour de lui, et rencontrant sous sa main le meuble sur lequel Taquinet s'était mis à cheval le prend pour un autre, d'un usage encore moins noble, et se permet de l'utiliser, tandis que le petit bossu, accroupi à quelques pas, se donne à tous les diables, en disant :

— Cré nom d'un nom !... si jamais je retourne en bonne fortune... C'est épouvantable !... j'en ai assez de l'amour !... je serai verdâtre en sortant d'ici !

Enfin, au bout d'une demi-heure, l'Allemand Tirmann était reparti avec son pantalon réparé ; puis le dragon avait quitté sa cachette et s'était recouché près de Claquette ; puis le couple s'était endormi ; puis le petit bossu avait pu, à son tour, sortir du cabinet, et de la chambre, et de la maison ; ce qu'il avait fait sans demander son reste, mais en se promettant bien cette fois de ne plus se laisser reprendre dans les filets de mademoiselle Claquette Tortillon.

VIII

NOUVELLES INFORTUNES DE TAQUINET.

Taquinet était revenu dans son modeste galetas, encore tout effarouché des événements qui lui étaient arrivés. Il était deux heures du matin lorsqu'il était parvenu à sortir de chez mademoiselle Claquette Tortillon. Jamais, l'infortuné clerc notaire ne s'était trouvé aussi tard dans les rues.

Mais ce qui augmentait sa colère, c'est qu'il n'avait pas dîné. Après avoir dépensé beaucoup d'argent pour régaler la perfide culottière, le petit bossu avait vu; ou plutôt entendu, un autre se régaler, se gorger avec les provisions dont il comptait bien prendre aussi sa part. Il se mourait de faim, et cette tribulation était peut-être la plus cruelle de toutes, car j'ai pouvait oublier les autres ; mais son estomac, qui criait plus fort à chaque instant, ne lui laissait ni paix ni trêve.

Taquinet couchait dans un petit grenier, au sixième étage de la maison habitée par le notaire Moulinard. Mais comme il descendait toujours de fort bonne heure à l'étude, il en trouvait la clef à un endroit convenu entre lui et son patron, qui ne se levait pas d'aussi bon matin que son clerc.

Avec cette clef, on pénétrait dans une antichambre, puis dans la pièce appelée l'étude. Quant au cabinet du notaire, celui-ci avait toujours soin d'en fermer la porte à double tour, et cette porte ne s'ouvrait que lorsque M. Moulinard lui-même descendait à son cabinet.

Arrivé dans son galetas, où l'on ne pénétrait que par le moyen d'une échelle, encore tout essoufflé de sa course nocturne (Taquinet avait couru tout le long du chemin, inquiet de se voir si tard dans les rues), après s'être jeté tout habillé sur son lit de sangle, le malheureux clerc se relève, en se disant :

— Mais, cré coquin ! je meurs de besoin avec tout ça... On a beau dire : qui dort dîne, ça n'est pas vrai ! je soutiens que ça ne peut pas être vrai ! et la preuve c'est qu'il me serait impossible de m'endormir avant d'avoir mis quelque chose sous ma dent... J'ai fait une belle journée... et cela m'a coûté onze livres douze sous !... Moi qui depuis seize ans vis de privations pour faire des économies ! si j'y vais de ce train-là je les aurai bien vite expédiées !.. Onze livres douze sous !... j'ai dépensé cela aujourd'hui pour une femme... Oh ! les femmes !... Qu'il a bien raison celui qui dit que le diable n'a point autant de malice qu'elles !... Encore le mot *malice* est modeste... Je crois que c'est Tertullien qui a dit cela. Caton a dit aussi que la sagesse et la raison étaient incompatibles avec l'esprit de la femme. Origène la nomme la clef du péché, la mère du délit et la corruption de la première loi. Saint Bernard va plus loin, il appelle la femme : *organum diaboli*. Juvénal prétend qu'il n'y a personne pour qui la vengeance ait plus d'attrait !... Et bien d'autres grands hommes de l'antiquité ont encore dit pis que pendre sur cette moitié dégénérée humaine qu'on s'obstine à nommer la plus belle... je ne sais pas trop pourquoi, car c'est terriblement mêlé !... Tout cela aurait dû me rendre sage.... Puisque je connais mes auteurs, je suis un bélître de m'être laissé attraper comme un nigaud... Mais La Fontaine a dit aussi :

« Amour ! amour, quand tu nous tiens,
« On peut bien dire : Adieu, prudence !... »

et ça me tenait ferme... Credié que j'ai faim ! je crois que je mangerais mon traversin si j'en avais un... Et rien ici... pas une coquille de noix... pas un malheureux croûton... Ah ! une idée !... pardieu oui !... la femme de ménage, celle qui nettoie l'étude, me met toujours mon déjeuner dans le buffet de l'antichambre, et très-souvent elle l'y apporte dès la veille. Si j'allais voir au buffet, pourquoi pas... Je sais où est placée la clef de l'étude... tout le monde dort dans la maison... descendons.... Sapristi ! que j'ai froid au derrière... c'est ma malheureuse culotte qui est encore toute mouillée par le bain que j'ai pris. Je suis très-mal à mon aise... ça me colle aux jumelles... J'ai bien envie d'ôter ma culotte... c'est que je crois que je n'en ai pas d'autre... on ne doit m'apporter que demain le pantalon neuf que je me fais faire pour aller en Allemagne... parce qu'enfin pour se marier, c'est bien le moins qu'on ait un pantalon neuf... Je dis me marier... et je vais peut-être trouver en Allemagne des farceuses dans le genre de mademoiselle Claquette Tortillon... Si je le savais ! cré coquin !... Ma foi tant pis, j'ôte ma culotte ; c'est trop malsain d'avoir continuellement une éponge mouillée au bas des reins... Je vais m'entortiller dans mon petit pet-en-l'air... qui me sert de robe de chambre... c'est vrai qu'il ne me descend que jusqu'aux

Que vois-je !... s'écrie M. Fourmi...

genoux, mon pet-en-l'air... Oh ! à l'heure qu'il est, je suis bien sûr de ne rencontrer personne dans l'escalier... par conséquent je n'outrage point les mœurs... Et après tout, les garçons boulangers d'en face les outragent bien autrement, les mœurs... En voilà des gaillards qui se promènent toute la journée en chemises et en vestes... de grosses chemises, c'est vrai ; mais, enfin, cela n'empêche pas l'air de pénétrer... Nom d'un nom ! est-ce que je ne pourrai pas retirer ma culotte... c'est comme si c'était en peau de daim.... ça me colle.... Ah ! la voilà ôtée enfin... A présent mettons vite mon pet-en-l'air... enveloppons-nous bien dedans.... ça ira.... on ne voit rien... ça arrive presqu'aux jarretières.... c'est juste... mais on ne voit rien...

Taquinet, ayant terminé sa toilette, prend la petite lanterne avec laquelle tous les soirs il monte à son grenier, et s'aventure sur l'escalier, tenant de sa main gauche le bas de son pet-en-l'air serré contre lui, en murmurant :

— J'ai l'air d'aller à un rendez-vous galant !... parole d'honneur, ça y ressemble ; mais, Dieu merci, je n'y vais pas... On me proposerait maintenant une bonne fortune avec la plus jolie femme des quatre parties du monde, que je refuserais... Et puis, quand on a été assis dans l'eau pendant deux heures, ça fait considérablement descendre le thermomètre de l'amour... Je n'entends rien... tant mieux... je ne me risquerais pas comme cela en plein jour pour une fortune... c'est peut-être une bêtise... mais je suis très-pudique, moi... je ne prendrai jamais l'état de mitron... fi donc !... Et la portière d'en face qui prie toujours un de ces messieurs de lui fendre son bois... Merci ! c'est gentil... elle devrait aussi lui faire ramasser des épingles par terre... ou lui donner des cerises à tenir dans sa cotte... Pourvu que je trouve quelque chose dans le buffet !...

Taquinet allait se trouver sur le palier du troisième étage, c'était où demeurait le notaire, lorsqu'il entend tout à coup le bruit d'une clef qui tourne dans une serrure. Aussitôt le petit bossu remonte rapidement plusieurs marches et souffle sa lanterne de crainte que sa lumière ne le trahisse, puis il se tient coi, en se disant :

— Qui diable peut sortir au milieu de la nuit... Est-ce que ce serait le patron ?

Ce n'était point le notaire qui ouvrait sa porte ; mais sur le même carré, en face de M. Moulinard, demeurait un agent d'affaires nommé M. Fourmi.

IX.

LE MÉNAGE FOURMI.

Ce M. Fourmi était un homme d'une cinquantaine d'années, dodu, frais, gaillard, bien portant, à l'œil vif, à la démarche alerte. Il avait une femme âgée de vingt-quatre ans, dont il était horriblement jaloux, et à laquelle cependant il faisait, dit-on, de nombreuses infidélités ; la chronique du quartier l'accusait même de faire la cour à sa bonne, grosse dondon picarde,

Payez ce dîner, je vous prie ; je ne veux pas changer.

dont les bras étaient aussi rouges que des betteraves, et les joues un peu plus foncées ; enfin, ce M. Fourmi, qui avait la réputation d'un franc libertin, n'était pas aimé dans le voisinage, et passait pour avoir été un effréné sans-culotte, un terrible jacobin à une époque qui n'était pas alors bien éloignée.

C'est donc M. Fourmi qui vient de sortir de chez lui, *dans le simple appareil de* quelqu'un qui quitte son lit. Il tient une lumière, et descend précipitamment quelques degrés, en s'écriant :

— J'avais dit que je ne voulais plus manger de haricots à l'étuvée... C'est insupportable ! ça me joue toujours ce tour-là !... Mais cette entêtée de Catherine les aime apparemment... et elle en fait tant me demander la permission... elle me le paiera... oh ! elle me le paiera ! la Picarde !... je saurai bien mettre un terme à sa résistance.

Et M. Fourmi, ouvrant la porte d'un petit cabinet, se précipite dedans avec sa lumière.

Taquinet a tout vu, en tendant le cou par-dessus la rampe. Il a reconnu le voisin et se dit :

— C'est ce mauvais sujet de Fourmi... un libertin... un paillard... qui a une jeune femme qu'il néglige pour en conter à toutes les bonnes de la maison, à commencer par la sienne... Quelles mœurs !... Si j'avais une femme, moi, certainement je ne la négligerais pas... c'est peut-être elle qui me négligerait !... il paraît que l'homme d'affaires est dérangé... Tant mieux, j'en suis bien aise... je voudrais que ça lui durât quinze jours... je déteste les terroristes !... Dépêchons-nous de descendre avant qu'il sorte du petit cabinet...

Et Taquinet recommence à descendre, mais il va moins vite parce qu'il n'a plus de lumière. Il vient de mettre le pied sur le carré du troisième, lorsqu'il entend encore une serrure que l'on ouvre. Ce n'est plus chez M. Fourmi ; cette fois, c'est bien la porte du notaire qui va s'ouvrir. Le pauvre petit bossu se sent pris d'une frayeur subite ; que dire à son patron s'il le voit là au milieu de la nuit ? Taquinet cherche un refuge, une cachette pour échapper aux regards de M. Moulinard.

En tâtonnant, il s'aperçoit que M. Fourmi a laissé sa porte entr'ouverte. Aussitôt il se glisse à l'entrée de l'antichambre de l'homme d'affaires ; de cette façon il ne sera pas aperçu du notaire qui, probablement, se rend aussi dans quelque lieu secret, et ne va faire que passer sur le carré, et il ressortira de chez le voisin dès que son patron ne sera plus là.

Mais les événements ne vont pas toujours comme nous les arrangeons dans notre pensée. Ce serait vraiment trop commode si rien ne dérangeait cette marche des choses... Nous pourrions alors prévoir l'avenir, nous saurions six mois d'avance tout ce que nous devons faire, et nous n'aurions jamais le plaisir de la surprise, de l'imprévu ; la Providence n'a pas voulu qu'il en fût ainsi, et, franchement, je crois qu'elle a bien fait.

Au moment où M. Moulinard referme sa porte, un courant d'air s'établit ; quelque fenêtre n'était sans doute pas fermée chez le notaire, mais le vent repoussant alors la porte entre-bâillée de chez M. Fourmi, le petit bossu se trouve enfermé chez le voisin.

Enfermé n'était pas le mot, car on devait pouvoir ouvrir en dedans la porte de M. Fourmi ; mais l'homme d'affaires, redoutant sans cesse d'être volé, probablement parce qu'il avait jadis volé les autres, avait fait mettre à sa porte une serrure toute particulière, si bien que, pour sortir comme pour entrer, il fallait connaître le secret, sinon on ne l'ouvrait pas.

— Nom d'un chien ! s'écrie Taquinet, lorsque la porte s'est refermée, me voilà retenu ici maintenant... Voyons... voyons... cela doit s'ouvrir pourtant...

Et le petit bossu cherche le pêne, gratte de tous côtés après la serrure et ne parvient pas à ouvrir la porte.

— Crédié!... je suis pris comme dans une souricière, se dit Taquinet. On m'avait bien dit que ce M. Fourmi avait des serrures à secret... Je m'abîme les ongles... Et s'il remontait... s'il me trouvait chez lui... il est brutal ce monsieur... il croirait que je suis l'amant de sa femme... Diable!... tâchons de nous fourrer quelque part où il ne puisse me voir... Quand il sera rentré et recouché, je reviendrai et il faudra bien que j'ouvre cette porte... Après tout, elle s'ouvre... si j'y voyais clair, je suis sûr que j'aurais déjà ouvert... Quelle nuit! cré coquin! quelle nuit!... en voilà des aventures... Mon patron avait donc aussi mangé des haricots à l'étuvée?... Ah! mon Dieu! je crois qu'on remonte l'escalier.

Taquinet s'éloigne de la porte; il marche au hasard, les bras en avant. Il entre dans une chambre qui est à droite; il tâtonne, il sent un lit, puis sa main rencontre quelque chose de rondelet, de chaud, de palpitant; c'était le sein de mademoiselle Catherine, sur lequel, sans le vouloir, il promenait ses doigts. Le petit bossu ne sait encore au juste ce qu'il touche, et pourtant un sentiment très-agréable parcourt son être, et il continue de caresser la demi-lune, en se disant:

— Qu'est-ce que c'est que ça... sapristi... je n'ai jamais senti de ces choses-là... je ne sais pas ce que c'est, mais, parole d'honneur, c'est gentil... Je crois que c'est un ballon que l'on donne aux enfants quand ils sont tout petits.

Il en était là, lorsque tout à coup il reçoit sur la figure un vigoureux soufflet, et une voix lui crie aux oreilles:

— Ah! je vous y prends!... c'est donc à dire que vous viendrez toujours me trouver la nuit!... vous savez pourtant bien que ça ne me plaît pas!... Fi! un homme marié... et qui a une jeune femme bien gentille... Ah! monsieur Fourmi, vous mériteriez bien que madame vous en fît porter... Mais, jarnigoi, ne revenez plus m'asticoter, parce que, foi de Catherine, vous n'en serez plus quitte pour une gifle, et je vous arracherai le nez.

Taquinet voit bien qu'on le prend pour le maître de la maison, et la chaleur qu'il ressent encore à sa joue souffletée lui prouve que la servante n'est point complice des égarements de M. Fourmi; un moment il a envie de crier, de dire qu'il n'a jamais eu de mauvaises intentions; mais ce serait se faire connaître; la domestique pourrait appeler ou le prendre pour un voleur, Le clerc de notaire préfère empocher le soufflet sans se plaindre; il s'éloigne doucement, tandis que mademoiselle Catherine lui dit:

— Allez-vous-en, et n'y revenez plus! que ça vous serve de leçon, sans quoi je dirai tout à madame.

— Voilà une servante bien vertueuse! pense Taquinet; cette gaillarde-là n'est pas morte... Si elle eût été moins sage, voyez pourtant qu'elle différerait pour moi... au lieu de recevoir un soufflet, j'aurais pu... mais je ne suis pas en veine cette nuit, et je voudrais bien être sorti d'ici.

Le petit bossu ne sait pas où il va, il ne marche qu'avec beaucoup de précaution; cependant il sent que ses pieds foulent un tapis, il n'est donc plus dans une cuisine ni dans une antichambre. Bientôt ses mains rencontrent encore un lit... Il va s'éloigner, mais une respiration se fait entendre, le lit est donc occupé. Taquinet n'ose plus bouger; il essaye pourtant de faire quelques pas en arrière, mais son pied heurte un meuble, puis une chaise tombe, et aussitôt une voix bien douce, bien veloutée, sort de l'alcôve.

— C'est toi, mon ami... viens donc te recoucher... ta place est toute chaude.

— Nom d'un petit bonhomme! se dit Taquinet qui a reconnu la voix de madame Fourmi, c'est l'épouse de ce libertin... et la place est toute chaude... Cré coquin, si on osait!... si on était sûr que ce monsieur en a encore pour longtemps, comme on se fourrerait sous la couverture... Ah! monsieur Fourmi, ah! si ce n'était trop risquer... mais ce serait trop risquer... Polisson de Fourmi! il mériterait pourtant bien qu'on prit sa place!

— Qu'est-ce que tu fais donc, mon rat? est-ce que tu es encore indisposé? reprend la petite femme en se retournant dans son lit; veux-tu que je me lève, que je te fasse de l'eau sucrée... Préfères-tu un lavement? je t'en donnerai un, si tu veux... Mais viens donc, tu dois avoir froid.

— Quelle excellente femme de ménage! se dit Taquinet; il paraît qu'elle administre elle-même des lotions à son mari... Mais si je reste là, elle est capable de se lever et de m'obliger à me coucher avec elle... Oh! ceci deviendrait par trop saint Antoine! je pourrais succomber, sauvons-nous...

Taquinet est décidé à sortir de la chambre, à s'éloigner de madame Fourmi, dont la voix tendre et argentine lui cause des impressions trop émouvantes; mais, avant qu'il ait fait deux pas, un bruit nouveau se fait entendre: c'est le maître du logis qui rentre, qui referme sa porte et qui marche à grands pas vers la chambre conjugale.

Le petit bossu voit qu'il va être découvert; déjà la lumière que porte le mari commence à éclairer la pièce qui précède la chambre à coucher. Taquinet ne sait plus que faire, que devenir; il se demande s'il ira en avant ou en arrière; il perd la tête... Bientôt M. Fourmi va être devant lui. Dans son trouble, il revient vers l'alcôve et cherche à se fourrer sous le lit; il se jette à quatre pattes, il se précipite, il passe sa tête... mais il lui est impossible d'en passer davantage; le lit était trop bas pour qu'une personne pût se mettre dessous. Il a fallu à Taquinet des efforts inouïs pour y glisser sa tête, et maintenant il ne peut plus la retirer.

En entrant dans la chambre de sa femme, M. Fourmi aperçoit donc quelque chose qui remue devant le lit.... Il baisse sa lumière, et, comme on doit bien le deviner, vu la position où était alors le malheureux Taquinet, ce n'est point une figure que l'homme d'affaires aperçoit.

— Un homme!... un homme dans la chambre de ma femme!... s'écrie M. Fourmi avec fureur. Ah! Célestine, vous me trahissiez... ah! vous avez un amant... J'avais donc raison d'être jaloux... Et un homme en état de nudité! quelle horreur! le délit est patent!

Célestine, à moitié endormie, bâille et s'étend dans le lit, en balbutiant:

— Qu'est-ce que tu as donc, mon rat? après qui cries-tu... pourquoi donc tout ce bruit?

— Après qui je crie! perfide... après cet homme qui était dans votre chambre et qui espérait se cacher sous votre lit... croyant que je ne le verrais pas... pour se sauver ensuite pendant mon sommeil. Allons, monsieur, sortez... relevez-vous... vous voyez bien que vous êtes découvert, vous êtes même diablement découvert! Il est inutile de vous obstiner à rester là-dessous.

— Nom d'un petit bonhomme... je ne peux pas retirer ma tête... Cré coquin! crie Taquinet en démenant comme un possédé la partie du corps qu'il a de libre et avec laquelle il veut tâcher de dégager l'autre.

— Aidez-moi donc un peu, s'il vous plaît... vous voyez bien que je suis capable de passer la nuit là, ce qui ne serait amusant ni pour vous ni pour moi.

— Que je t'aide! drôle, ah! tu me demandes mon aide... Attends, je vais te prêter secours. En effet... tiens, jean-fesse... tiens, reçois toujours cet à-compte.

Et le mari furieux applique un grand coup de pied dans ce que le petit bossu a de découvert; la colère qu'il éprouve en se sentant frappé cause à Taquinet un mouvement dans lequel il parvient enfin à dégager sa tête; il se relève et présente en ce moment la figure la plus grotesque que l'on puisse imaginer, car le séjour qu'il avait fait sous le lit ayant fait refluer le sang à son visage, il est écarlate et roule des yeux fulminants autour de lui.

— Que vois-je! s'écrie M. Fourmi, c'est M. Taquinet... le clerc de M. Moulinard : est-ce bien possible!...

De son côté, la jeune femme avance sa tête hors de l'alcôve, et en voyant la mine à la fois piteuse et furieuse du petit homme qui est devant son lit, elle part d'un éclat de rire.

— Comment, c'est cela que l'on me donne pour amant!... ah! par exemple, c'est trop fort! mais il faudrait que j'eusse une passion bien forte pour faire à Taquinet l'honneur d'en faire mon amant... regarde donc, mon rat, as-tu jamais rien vu de plus vilain...

M. Fourmi regardait le petit bossu et ne semblait pas se calmer; il lui dit:

— Enfin, monsieur Taquinet, que faites-vous chez moi, dans la chambre de ma femme, au milieu de la nuit... expliquez-vous.

— Eh mon Dieu! monsieur, répond Taquinet en croisant de nouveau son pet-en-l'air autour de lui, si vous ne m'aviez pas tout de suite brutalisé, il y a longtemps que je me serais expliqué... mais vous commencez par des coups de pied...

— J'en avais le droit, monsieur. Parlerez-vous enfin? comment êtes-vous entré chez moi?

— Mon Dieu! tout simplement par la porte..... Je me trouvais sur l'escalier quand vous êtes sorti. Je descendais à l'étude pour dîner; c'est un peu tard, direz-vous, mais quand on n'a pas dîné, il vaut mieux tard que jamais... mon estomac ne me permettait pas de dormir. Je descendais donc quand je vous ai aperçu. Je vous ai même entendu vous plaindre d'avoir mangé des haricots à l'étuvée.

— Il ne s'agit pas de cela, monsieur; passons!

— Pardonnez-moi... ceci est une preuve que j'étais alors sur l'escalier; vous avez même dit : Catherine les aime apparemment, elle en fait toujours sans me demander la permission...

— Passons, passons!...

— Elle me le paiera, la Picarde!... Je saurai bien mettre un terme à sa...

— C'est bien, monsieur... c'est bien! s'écrie M. Fourmi en interrompant Taquinet... Je vois qu'en effet vous étiez sur l'escalier, ce point est établi... mais ensuite...

— Monsieur Taquinet, dit la jeune femme en allongeant sa tête hors du lit..., je voudrais bien savoir ce que mon mari disait au sujet de la bonne, notre Picarde..... achevez donc, je vous en prie..... cela pique ma curiosité...

— Eh! mon Dieu! répond vivement l'homme d'affaires, ce n'est pas bien intéressant!... Je disais : Je saurai bien mettre un terme..... aux bévues de cette fille... voilà tout.

— Est-ce bien cela, monsieur Taquinet? s'écrie la jolie femme en regardant alternativement son mari et le petit bossu. Celui-ci est un moment indécis, cependant il répond d'un air un peu railleur :

— Oui.,. madame..... je crois que c'est à peu près cela..... sauf erreur ou omission... comme nous mettons sur nos actes, nous autres. Si bien donc, qu'après avoir vu M. Fourmi entrer quelque part, j'allais continuer de descendre, lorsqu'à son tour mon patron a ouvert sa porte... il paraît que cette nuit tout le monde est dérangé. Je connais M. Moulinard, il est horriblement soupçonneux et méfiant, il fait une montagne de la plus petite chose. Je me suis dit : S'il me voit allant à son étude au milieu de la nuit, il va se figurer que je veux lui voler ses dossiers, ou mettre le feu à toutes ses paperasses; le plus simple était donc d'éviter sa rencontre..... votre porte était entr'ouverte, je me suis vivement glissé chez vous, comptant repartir presque aussitôt, lorsqu'un maudit coup de vent est venu la fermer... impossible de sortir... j'ai compris tout de suite la fausseté de ma position, j'ai pensé à me cacher... je ne savais plus trop ce que je faisais... j'ai marché en tâtonnant... sans savoir où j'allais... J'ai beaucoup tâtonné... et... et ma foi, quand je me suis aperçu que j'étais chez madame et que je vous ai entendu revenir, la peur m'a pris... vous savez le reste...

— Je commence à comprendre, dit M. Fourmi...; mais vous concevez..... qu'au premier moment... et puis vous avez un négligé si... sans façon !...

— Écoutez donc, je ne m'attendais pas, en descendant au milieu de la nuit, à rencontrer toute la maison sur l'escalier... et après tout, si je me trouve pour un moment être sans culotte, on dit que vous l'avez été aussi, vous, sans-culotte, monsieur Fourmi; seulement vous l'avez été assez longtemps, à ce que je crois... on assure même que vous n'avez vu qu'avec regret finir le règne des sans-culotte... cela aurait dû vous rendre plus indulgent pour moi.

M. Fourmi n'aime pas qu'on lui rappelle son passé, cela le vexe, parce qu'il craint que cela ne lui fasse du tort; il s'empresse donc de pousser le petit bossu vers la porte, en lui disant :

— Tout est expliqué, monsieur, je ne vous en demande pas davantage... venez que je vous ouvre la porte...

— Bien le bonsoir, monsieur et madame..., désolé de vous avoir dérangés...

— Monsieur Taquinet, crie la jeune femme, si vous entendez encore mon mari faire des projets relativement à sa bonne, vous me ferez plaisir de m'en faire part...

Le petit bossu va répondre, mais M. Fourmi l'a déjà poussé hors de la chambre en criant à sa femme : Dors donc, Célestine, dors donc... tu vas t'enrhumer, te rendre malade... Bonsoir, monsieur Taquinet, et M. Fourmi poussait toujours le petit bossu; il était fort empressé de se débarrasser de lui, mais Taquinet n'avait point oublié le coup de pied qu'il avait reçu, le soufflet qu'il avait été donné, par méprise il est vrai, mais qu'il n'avait pas moins reçu aussi, il ruminait dans sa tête le moyen de se venger et de tirer parti de ce qu'il avait appris relativement aux intentions criminelles de M. Fourmi sur la bonne.

Au moment où l'homme d'affaires va pour ouvrir la porte qui donne sur le carré, Taquinet fait volte-face en lui disant :

— Pardon... mais voulez-vous me permettre d'allumer ma lanterne..... je ne puis pas aller à l'étude sans lumière..... ce serait m'exposer à tâtonner encore... c'est trop dangereux.

— Allumez, monsieur Taquinet..., mais hâtez-vous.

— Eh! eh! monsieur Fourmi..... savez-vous que vous êtes un heureux mortel... Fichtre! vous avez de l'agrément de tous les côtés, vous!...

— Que voulez-vous dire, monsieur..... je ne vous comprends pas...

— Oh! c'est que je n'ai pas voulu, devant madame votre épouse, dire tout ce qui m'est arrivé chez vous dans l'obscurité...

— Comment, monsieur..... il vous est arrivé encore quelque chose...

— C'est que, voyez-vous... je suis discret, moi... je compatis aux faiblesses de mon sexe.... et je ne voudrais pas mettre la brouille dans un ménage...

— Enfin, monsieur..... expliquez-vous donc..... vous me faites bouillir.

— Je suis bien sûr que vous me devinez, monsieur Fourmi.

— Non, monsieur, je n'ai pas ce talent, je ne suis pas sorcier.

— Vous avez une superbe bonne, monsieur Fourmi!

— C'est possible, monsieur, je n'y ai point fait attention...

— Vraiment... non! farceur..., il n'y a pas fait attention.

— Qu'est-ce à dire?

— C'est-à-dire qu'en entrant chez vous, en cherchant à me cacher, je ne me suis pas trouvé de suite dans la chambre de madame votre épouse... mais je suis entré... sans le savoir, dans celle de la belle Catherine...

— Comment? vous avez été chez Catherine...

— J'aurais été chez Vénus dans ce moment-là... quand on n'y voit pas; seulement, en allongeant le bras, j'ai senti un lit..... aussitôt une main a saisi la mienne, et une voix m'a dit tendrement: Ah! c'est vous, monsieur..., que vous êtes gentil de venir... Justement je ne pouvais pas dormir... j'ai une puce...

— Quoi! elle vous a dit...

— Qu'elle avait une puce qui la tourmentait, parole d'honneur! Vous sentez bien que, reconnaissant la voix de Catherine, et sachant que ce n'était pas à moi qu'elle croyait parler, je me suis vivement dégagé! elle s'est écriée : Vous allez revenir, j'espère..... gros méchant; d'abord je vous attendrai pour me chercher ma puce...

— Elle vous a dit qu'elle m'attendrait...

— Ce sont ses propres paroles... Hein! quand je disais que vous étiez un heureux mortel...

— Oh! c'est que Catherine rêvait probablement...

— Oh! que non! elle était bien éveillée...

— Bonsoir, monsieur Taquinet... bonne nuit...

— Dites donc, si j'avais rapporté tout cela à votre femme... croyez-vous qu'elle aurait aussi pensé que Catherine dormait.

— Je vous remercie de votre discrétion...

— Vous n'auriez pas une bouteille de vin à me prêter... J'ai peur qu'il n'y en ait point à l'étude... Si vous aviez avec cela un croûton de pain... ça m'obligerait infiniment... On laisse si rarement traîner des croûtons de pain chez mon patron...

M. Fourmi court au buffet qui est dans la salle à manger; il y prend une bouteille, du pain, un restant de volaille; il donne le tout au petit bossu, et le pousse en disant :

— Tenez, voilà tout ce que j'ai trouvé; bonsoir, bonne nuit... et surtout pas un mot sur tout ce que vous savez.

— Soyez donc tranquille... Je suis un véritable eunuque pour la discrétion... Bonne nuit..... monsieur Fourmi..... c'est à vous qu'on peut dire cela... Moi, je vais déjeuner..... et boire à vos amours..... Heureux mortel!

M. Fourmi n'entend plus les dernières paroles de Taquinet, il a déjà refermé la porte, tant il est pressé de s'assurer si sa femme est rendormie.

X.

LE PETIT TROU DE LA PORTE.

Taquinet est resté sur le palier, il rit comme... Je n'ai pas besoin de vous dire comment il rit, puisque vous savez qu'il est bossu. Le petit clerc est enchanté de s'être vengé du gros M. Fourmi, et afin de s'assurer que ses discours ont porté fruit, il s'assied devant la porte de l'homme d'affaires, en se disant :

— Je crève de faim, mais ça m'est égal, il faut que j'écoute, il faut que je les entende se battre, se disputer, se chamailler... et c'est ce qui va arriver d'ici à peu de temps... Ce gros paillard de Fourmi brûlait de me mettre dehors afin de courir près de sa bonne... Oh ! quand je lui ai dit qu'elle l'attendait, ses yeux sont devenus de la braise... parole d'honneur... on aurait fait cuire des œufs à la flamme de son regard !... Il va sans doute attendre que sa femme soit endormie... mais la petite femme a des soupçons... elle fera peut-être semblant de dormir... Oh ! ce serait délicieux... S'ils pouvaient se battre tous les trois... comme ça me divertirait... Tiens ! après tout, il me semble que j'ai bien le droit d'en vouloir à des gens qui me maltraitent, qui me disent des sottises... La femme m'a appelé vilain monstre ! Ne dirait-on pas que son mari est si beau !... Une grosse canaille et pas autre chose... Qu'est-ce qu'il m'a donné là... Je crois que c'est un restant d'oie... nous mangerons cela out à l'heure, cher ami, et nous boirons ton vin en nous fichant de toi. Chut, il me semble que j'entends du bruit là-dedans...

Taquinet colle son oreille contre la serrure. Bientôt un grand cri se fait entendre, puis un bruit de meuble qui tombe ; ensuite la grosse voix de la Picarde domine tout cela, et l'on entend fort distinctement :

— C'est bien fait... vous êtes tombé avec la table... tant mieux, ça vous apprendra. Ah ! vous revenez encore me trouver... vous n'étiez donc pas content du soufflet que je vous avais donné... Mais cette fois je me flatte qu'on ne verra me griffes sur votre visage... Non, non... je ne veux pas me taire, moi, je veux parler haut !...

Bientôt un nouveau personnage vient se mêler à cette scène. C'est la jeune épouse de M. Fourmi, qui probablement, ainsi que l'avait prévu Taquinet, avait feint de dormir pour épier son mari...

La voix de la jeune Célestine n'est plus ni tendre ni veloutée, elle est devenue aigre, perçante.

— Vous êtes un monstre, un débauché, monsieur... venir pendant mon sommeil trouver ma domestique... c'est épouvantable...

— Célestine... je t'assure... c'est par hasard, je cherchais le briquet...

— Taisez-vous, infâme.... oh ! ce n'est pas le briquet que vous cherchiez...

— Madame, quant à moi, ce n'est pas ma faute... vous voyez comme je reçois monsieur... Déjà tantôt je lui ai flanqué une gifle à lui donner une fluxion... Cette fois je lui ai presque arraché le nez...

— Vous avez bien fait, Catherine, je vous en remercie ; je suis seulement fâchée que vous ne lui ayez pas arraché tout à fait le nez à ce libertin...

— Mais encore une fois, Célestine...

— Je n'écoute rien, monsieur, demain je me retire chez ma mère... et je demande le divorce. Grâce au ciel, on peut divorcer maintenant, et une femme vertueuse et sage n'est plus obligée de passer toute sa vie enchaînée à un homme qui la délaisse... Célestine, ne m'approchez pas, vous me faites horreur... Catherine, enfermez-vous à triple tour... moi, je vais faire autant... Je ne veux plus que monsieur cohabite avec moi... il couchera où il voudra... dans l'antichambre. ou sur le carré... je ne m'en inquiète guère !...

Taquinet avait jusque-là écouté en se tordant de rire, et en se permettant ces gestes que font ordinairement les personnes qui excitent des chiens à se battre. Mais lorsqu'il entend claquer le carré, saisissant vivement ses provisions et sa lanterne, il descend quatre à quatre les deux étages qui le séparent de l'étude, car il lui semble avoir M. Fourmi sur les talons, et il pense que l'homme d'affaires pourrait bien à son tour lui faire un mauvais parti, pour lui apprendre à l'envoyer chercher les puces de la Picarde.

Enfin Taquinet est entré dans l'étude, il a refermé la porte sur lui, et il est plus tranquille. Ne songeant alors qu'à se restaurer, il va au buffet dans lequel il ne trouve qu'une botte de radis et un petit morceau de fromage de gruyère, qui pourrait au besoin servir pour ressemeler des bottes.

— Comme c'est heureux que je me sois fait donner des provisions par le voisin, se dit Taquinet en se mettant à table. Il eût été gentil mon repas... toujours des radis..., il paraît qu'on voulait m'épurer le sang.... et du fromage.... quel fromage ! une pierre à fusil... mais l'oie est délicieuse cette oie... elle est délicieuse cette oie... moi, qui me ferais fouetter pour de la graisse d'oie... Et son vin... voyons... peste ! c'est du vieux bourgogne... Oh ! ce gaillard de Fourmi se nourrit bien, ce n'est pas comme ici... quel festin !... il n'est pas si heureux que moi là-haut... Ah ! diable, mais j'y pense... il va me garder rancune... il voudra se venger... Bah !... je pars demain pour l'Allemagne... et je quitterai la maison de très-bon matin... Enfoncé le Fourmi... à ta santé, libertin... La graisse d'oie est une invention de la divinité... Je comprends maintenant que les oies aient sauvé le Capitole... Quand on a une si bonne graisse, on doit faire de bien belles choses !... et il y a des personnes qui osent dire du mal des oies !...

Le petit bossu achevait de dévorer son restant de volaille, et il se versait un quatrième verre de vin, lorsque tout à coup un bruit, partant du cabinet du notaire, lui fait jeter les yeux de ce côté, et il croit y apercevoir de la lumière. Il se rappelle alors qu'il a vu Moulinard sortir de chez lui... Mais quel motif aurait pu faire descendre le notaire dans son cabinet au milieu de la nuit?

Taquinet quitte doucement la table. Il marche avec précaution, puis, arrivé contre la porte qui est fermée, le petit bossu se baisse, ôte une espèce de petit fausset que l'on a mis artistement dans le bas de la porte, et qui sert à masquer un trou qu'a été fait avec une vrille. En appliquant son œil au trou, il peut plonger dans le cabinet de son patron, lequel est loin de se douter que son clerc s'est permis de pratiquer sur sa porte ce que l'on fait sur une pièce de vin. Mais les gens qui ont chez eux des clercs ne pensent pas à tout, et s'est loin de se douter de tout ce dont ces messieurs sont capables.

Moulinard était dans son cabinet, vêtu de sa robe de chambre, coiffé de son bonnet de nuit ; il était assis devant son bureau à caisse, et sur ce bureau il y avait une liasse de billets de banque qu'il comptait et recomptait, tout en les contemplant avec amour, avec adoration, puis de temps à autre il semblait méditer, et les mots suivants s'échappaient de ses lèvres :

— Trois cent mille francs !... la belle somme... C'est une fortune... Les voilà... les voilà ces trois cent mille francs... je les trouve beaucoup mieux chez moi qu'à la caisse d'escompte... Comme cela tient peu de place pourtant !... oui... je ne puis plus me résoudre à les quitter... Je ne pouvais pas dormir... Si je les portais chez moi... là-haut... Oh ! c'est que je n'ai pas un bureau à caisse comme ici... et puis je fermerai toujours mon cabinet... personne n'y entrera.. Je ne veux plus même qu'on le balaye... Je le balayerai moi-même.

Et Moulinard recommence à compter les billets de banque.

Taquinet avait tout vu et tout entendu, il ôte son œil du trou, remet le fausset, puis il se relève, marche sans faire de bruit et revient vers sa table, en se disant :

— Sapristi !.... c'est donc le diable qui s'en mêle... Le patron est là... Je sais bien qu'il est enfoncé dans la contemplation de ses billets de banque... mais c'est égal, il faut absolument... Ce n'est pas non plus son habitude, son cabinet a une autre porte qui donne sur le carré, et il faut bien qu'il soit entré par là, puisque j'ai trouvé la clef de l'étude à sa place ordinaire. N'importe, je crois que je ferai bien de m'en aller, de remonter chez moi me coucher... Il a compté trois cent mille francs... c'est singulier ! c'est la somme que j'ai portée au général... Tout ceci ne me paraît pas clair. Mais allons nous coucher, et demain de bon matin, je prierai le patron de me payer mes honoraires du mois, et je filerai en Allemagne sans dire adieu aux voisins Fourmi.

Taquinet veut se hâter de faire disparaître les traces de son repas, mais le petit bossu ne brillait pas par l'adresse ; en voulant aller vite, il cogne une assiette, il pousse la bouteille, il casse son verre. Aussitôt la porte du cabinet s'ouvre, la tête du notaire se montre. Moulinard est encore plus laid qu'à l'ordinaire, parce qu'il a dans sa physionomie habituellement fausse et mielleuse une expression de terreur et de colère. Il est presque effrayant au moment où il murmure en ouvrant la porte :

— Qui est là... qui va là?... Au voleur!... au secours... à la garde...

— Eh mon Dieu ! mon cher patron, n'appelez donc pas la garde ! répond Taquinet en regardant tristement le verre cassé et le vin de Bourgogne qui a coulé sur la table. C'est moi qui suis là, ce n'est pas un voleur...

— Vous ! qui... vous? s'écrie Moulinard en s'avançant vers son clerc, son flambeau à la main et lui portant la lumière presque sous le nez.

— Comment, qui moi? il me semble que vous devez me connaître pourtant, et que j'ai de ces structures auxquelles on ne se trompe guère. Prenez garde, ne mettez pas votre chandelle si près de mon visage... vous allez brûler mes cheveux...

— M. Taquinet ici !... Que faites-vous dans l'étude au milieu de la nuit... on ne vient pas travailler à cette heure... quels étaient vos desseins, vos motifs...vous étiez donc sur mes talons... vous m'espionnez donc maintenant...

— Moi, vous espionner ! ce serait amusant !...

— Mais enfin, monsieur, que faites-vous ici, à trois heures du matin?

— Si vous ne m'aviez pas interrompu vous le sauriez déjà. Je viens dîner, monsieur... ou faire mon déjeuner de demain...

— Vous venez dîner à l'heure qu'il est...

— Puisque je n'avais pas mangé depuis Saint-Mandé, et vous m'avez fait revenir à pied, ce qui creuse diablement.

Le notaire jette les yeux sur la table et s'écrie :

— De l'oie!... qu'est-ce à dire, vous mangez de l'oie, monsieur!...

— Soyez donc tranquille, cela ne vient pas de chez vous, vous savez bien qu'il n'y entre jamais de volaille ; il y vient des oies quelquefois, c'est vrai, mais pas de celles qu'on met à la broche. Ceci est un extra... que j'avais acheté en route pour me régaler.

— Et vous avez attendu qu'il soit trois heures du matin pour venir manger ici, monsieur Taquinet; tout ceci est louche.

— Ça sera louche si vous voulez... après tout, je ne vous ai pas chipé ce restant de volaille, j'ai le droit de le manger...

— Et, Dieu me pardonne, monsieur n'a pas même le vêtement indispensable; il vient à mon étude sans culotte.

— La mienne était mouillée... par suite d'accidents qui me sont arrivés ce soir...

— Des accidents... Monsieur Taquinet... vous me faites des contes à dormir debout.

Le petit bossu se redresse, il prend un air rageur et s'avançant sur son patron, se met à crier à tue-tête :

— Ha çà, monsieur, savez-vous que vous m'ennuyez à la fin... et que je vais me fâcher à mon tour!... De quel droit me faites-vous toutes ces questions?... Après tout, je ne vous appartiens plus... Je ne suis plus votre subordonné, puisque je pars demain pour l'Allemagne!... Je puis faire ce que je veux, je suis maître de mes actions... et de manger de l'oie si ça me fait plaisir, ça ne vous regarde pas... Payez-moi ce que vous me devez d'appointements, afin que je puisse partir demain de grand matin, et tout sera fini...

— Que je vous paye... que je vous paye... à l'heure qu'il est!

— Cette nuit ou demain matin, qu'est-ce que cela me fait! Je sais bien que vous n'aimez pas à payer ; mais quand on doit... Nous sommes au dix-huit du mois, voyez combien cela fait... Vous n'allez pas me dire que vous n'avez pas d'argent! On peut bien payer les appointements d'un malheureux clerc, quand on a dans sa caisse trois cent mille francs.

Taquinet n'a pas plutôt lâché ces mots qu'il s'en repent, car c'est avouer qu'il voit ce qui se passe dans le cabinet de son patron. Mais l'effet de ces paroles est magique sur le notaire. M. Moulinard pâlit, se trouble, semble prêt à défaillir et s'appuie contre la table, en balbutiant :

— Comment... qui vous a dit... comment savez-vous... que j'ai en caisse?...

— O mon Dieu ! moi, je ne sais rien!... J'ai dit trois cent mille francs... comme j'aurais dit un million... Cette somme m'est venue sur les lèvres... parce que je me suis rappelé l'argent du général..... mais c'est égal... si vous voulez me payer. J'ai mes raisons pour être pressé de partir demain de grand matin.

— Oui... oui... tout de suite... attendez... monsieur, attendez... nous allons terminer... en finir...

Moulinard est entré dans son cabinet ; il en a fermé avec soin la porte sur lui. Taquinet achève de boire ce qui reste de vin dans sa bouteille ; il a remarqué le trouble que ses paroles ont jeté dans l'âme du notaire, il ne sait s'il doit se réjouir ou se repentir de les avoir prononcées, mais il ne reste pas longtemps dans l'incertitude.

Moulinard toujours pâle, mais plus maître de lui cette fois, ressort de son cabinet et place devant le petit bossu une pile de pièce de cinq francs, en lui disant :

— Voilà, monsieur Taquinet, vos appointements du mois, quatre-vingt-trois francs trente-trois centimes...

Taquinet reste stupéfait ; le notaire si avare, si sordide dans les moindres choses, vient de lui payer en entier son mois d'appointements, quoiqu'on ne soit qu'au dix-huit ; cette générosité le confond, mais son étonnement redouble lorsque Moulinard ajoute en plaçant devant lui une seconde somme d'argent :

— Voici... voici... de plus... soixante francs... que je vous prie d'accepter comme gratification.

— Une gratification ! s'écrie Taquinet en se frottant les yeux pour s'assurer qu'il est bien éveillé et en jetant sur son patron des regards ébahis : comment, vous me donnez une gratification ! vous..... monsieur...

— Est-ce que vous la refusez? murmure Moulinard, qui avance aussitôt la main pour reprendre ses écus. Mais Taquinet, qui a deviné son intention, a déjà mis ses longues mains sur les espèces, qu'il fait couler dans les poches de son pet-en-l'air, en s'écriant :

— Non, monsieur, non certainement, je ne la refuse pas... d'autant plus que je crois l'avoir méritée par le zèle et l'exactitude que j'ai toujours apportés dans mon emploi. Mais cela ne m'empêche point d'être d'autant plus sensible à ce procédé.... que j'étais loin de m'y attendre... Je vous certifie que c'est une véritable surprise que vous me faites là !

— Cela vous aidera pour vos frais de voyage... Je pense qu'à présent rien ne vous arrêtera et que vous pourrez partir demain matin... de fort bonne heure... cela me fera plaisir... je... je disposerai de votre chambre... Vous partirez de bonne heure, n'est-ce pas ?

— Oh! soyez tranquille, à six heures du matin j'aurai quitté la maison... je serai obligé de remettre ma culotte pour aller chez le tailleur chercher mon pantalon ; mais... elle sera sèche peut-être... d'ailleurs, je la mettrai, dût-elle encore coller sur moi comme celle d'un écuyer. Adieu donc, mon cher patron... portez-vous bien... et faites toujours de bonnes affaires... d'honnêtes spéculations... je dis honnêtes... c'est bien inutile ! vous êtes incapable d'en faire d'autres. En revenant d'Allemagne, je vous présenterai ma femme, si j'en ai une... et je rentrerai chez vous, si je n'en ai pas.

— Adieu, monsieur Taquinet ; bon voyage.

Taquinet est sorti de l'étude, il est remonté à son grenier; là, il compte de nouveau l'argent que son patron vient de lui donner, et se dit :

— Certainement, c'est bien extraordinaire !... il me paye mon mois tout entier sans me retenir douze jours... treize jours même, car le mois en a trente-un... et il me donne une gratification, assez mesquine à la vérité, si l'on considère le temps que j'ai passé chez lui, mais énorme pour un homme qui aurait coupé un liard en quatre... pour un homme qui ne brûle jamais que la moitié d'une allumette à la fois !... pour un homme qui, dernièrement encore, est sorti trois soirs de suite, parcourant chaque fois tout Paris, et cela parce qu'il avait besoin d'acheter un brûle-tout et qu'il n'en trouvait pas d'assez bon marché... Et cet homme-là, sans y être forcé... de son propre mouvement, me donne soixante francs !... Oh ! j'ai bien raison de dire que cela n'est pas naturel !... il était pressé de me voir partir.... Il était devenu pâle... vert... bleu, depuis que je lui avais dit qu'il avait trois cent mille francs en caisse... Est-ce qu'il craignait que je ne le volasse... Il en est capable... oh ! non, il m'a confié ce matin l'argent du général... Mais alors... pourquoi ce trouble, cette terreur... et surtout cette gratification?...

Après tout, que m'importe !... Profitons du petit bonheur qui m'arrive, c'est une légère dédommagement que la Providence me devait, après tous mes guignons de cette nuit. Dépêchons-nous de dormir, comme disait un imbécile de ma connaissance qui prétendait dormir *très-vite*, et demain de grand matin quittons cette maison avant que M. Fourmi soit levé. Avec mes économies de seize ans, qui se montent à douze cents livres, je puis voyager comme un nabab !... Je me mettrai sur l'impériale de la diligence.

Et le petit bossu s'endort, puis rêve à sa gratification, à la trahison de mademoiselle Claquette, à son voyage en Allemagne, et se voit enfin l'époux d'une femme charmante qui lui donne de nombreux enfants, qui sont tous bâtis comme *Hercule*, *Apollon* ou *Spartacus* ! Laissons-le rêver.

5.

XI

LA LAITERIE.

Trois mois se sont écoulés depuis les événements que nous venons de raconter.

Dans une modeste maisonnette située dans le bois de Vincennes, près de la porte de Nogent, et qu'on appelle *la Laiterie*, parce qu'en effet on y vend du lait et des fromages à la crème, deux femmes sont assises dans une salle basse qui donne d'un côté sur le bois, et de l'autre sur un petit jardin attenant à la maisonnette.

Dans ces deux femmes, dont l'une semble avoir la soixantaine et paraît accablée par le chagrin et la souffrance, on reconnaîtrait difficilement l'ex-vivandière et la fille du général Desparville. Mais trois mois ont amené de tristes changements.

La veuve Bloquet, qui alors était encore vive, alerte, dont la tournure avait conservé l'assurance et la hardiesse de son ancien métier, est maintenant pâle, faible; ses cheveux ont entièrement blanchi; elle tient sa tête penchée sur sa poitrine; enfin en trois mois elle a vieilli de dix ans, et semble plus âgée qu'elle ne l'est réellement. Quant à la jeune Adolphine, elle est toujours jolie, bien faite et gracieuse; mais sa démarche n'est plus vive et légère, ses yeux n'ont plus leur gaieté d'autrefois; quelquefois son sourire laisse encore voir cette aimable malice qui allait si bien avec sa figure mutine, mais ce sourire passe maintenant comme l'éclair et la tristesse le remplace aussitôt.

C'est que pour ces deux femmes le sort a été bien cruel; il les a privées en même temps d'un père, d'un amant et d'un fils. Depuis le jour où l'on est venu arrêter le général dans sa maison de campagne, on n'a plus entendu parler de lui; on n'a jamais reçu de ses nouvelles; mais ce qui semble plus extraordinaire encore, c'est que Gustave n'a point reparu non plus, et que le sort du jeune aide de camp est également un mystère pour sa mère et pour celle dont il allait être l'époux.

Sous le Consulat on ne badinait pas en matière de conspiration. Après l'arrestation du général, les scellés avaient été posés chez lui. La pauvre Adolphine, obligée de quitter la maison qu'elle habitait, s'était rendue près de la mère de Gustave, qui lui avait ouvert ses bras en la regardant comme sa fille; mais en ne recevant aucune nouvelle de son fils, l'ex-vivandière avait perdu toute son énergie, tout son courage; en voulant cacher sa douleur à Adolphine, qu'elle essayait de consoler, la pauvre femme était dévorée par la souffrance; et comme le corps n'a pas toujours la force de supporter les peines de l'âme, une maladie grave s'était déclarée et avait mis la veuve Bloquet à la porte du tombeau.

Grâce aux bons soins d'Adolphine, la mère de Gustave était revenue, sinon à la santé, du moins à la vie; mais cette maladie avait coûté beaucoup d'argent; Adolphine n'en avait pas, la mère Bloquet n'en avait plus, car c'était ordinairement son fils qui lui en donnait, et son fils n'était plus là. Pour se faire des ressources, il fallut vendre des parures, des bijoux d'Adolphine; mais la misère approchait, et les deux femmes frémissaient pour leur avenir; car la jeune fille, gâtée par son père, n'avait aucune idée du travail, et la pauvre mère, accablée par la disparition de son fils, ne se sentait plus cette force nécessaire pour faire face au malheur.

C'est alors que M. Moulinard reparut. Le notaire savait parfaitement tout ce qui était arrivé aux deux pauvres femmes. Il avait attendu pour se présenter que leur position fût presque désespérée, bien certain que sa présence ne ferait que plus d'effet! Les gens adroits tirent parti de tout, et surtout du malheur des autres.

En trouvant Adolphine dans un triste réduit où tout lui manquait, le notaire s'écria qu'il ne souffrirait pas que la fille du général Desparville, de son ancien client, vécût dans la misère. Adolphine dit qu'elle ne voulait point se séparer de madame Bloquet.

— Vous ne la quitterez pas, répondit Moulinard, et avant peu vous aurez de mes nouvelles; je ne suis pas riche, mais j'aime... à faire le bien... c'est ma plus douce récréation!

Et ce monsieur s'éloigna en faisant un de ses plus mielleux sourires. Le lendemain, il arriva avec une voiture dans laquelle il fit monter l'ex-vivandière et Adolphine, et les conduisit dans une petite maisonnette près de Nogent. Il les y installa, en leur disant:

— Je vous ai loué cette demeure; vous êtes ici chez vous. On y vendait du lait, vous en vendrez... c'est-à-dire la veuve Bloquet en vendra si cela l'amuse. Il y a trois vaches dans l'étable... On peut aussi faire du fromage... ça occupe... et cela rapporte. Il y a un petit jardin, mais en plein rapport, beaucoup de fruits. Charmante Adolphine, cette maison vous plaît-elle?

La jeune fille se trouvait très-heureuse de vivre à la campagne; la mère Bloquet bien contente de vendre des petits fromages et du lait. Toutes deux bénirent mille fois M. Moulinard, et vous savez si ce monsieur méritait d'être béni! mais on se trompe en bénédictions comme en toute autre chose: *errare humanum est!*

Les deux femmes vivaient là, tranquilles du moins sur leur existence, et pouvant toute la journée se parler des deux êtres qu'elles chérissaient et qu'elles attendaient toujours.

Ce qu'il y avait de plus beau dans la conduite du notaire, c'est qu'il ne venait que fort rarement voir ses protégées de Nogent, qui cependant le recevaient toujours comme leur bienfaiteur.

Par une journée d'orage, la jeune fille et la pauvre mère étaient donc en train de causer dans la salle basse de leur maisonnette, et, suivant leur habitude, elles parlaient des objets de leurs affections.

— On nous a dit que mon père s'était trouvé compromis dans une conspiration, disait Adolphine; mais enfin, il était innocent, on a dû le juger... Il devrait être rendu à la liberté.

— Mais mon fils, disait la veuve Bloquet, il n'était impliqué dans rien; on ne venait pas l'arrêter, il a suivi le général volontairement... et cependant il n'a pas reparu depuis ce jour fatal... Qu'est-ce que cela veut dire?

Adolphine avait rapproché sa chaise de celle de la pauvre femme, et avait dit d'un air mystérieux:

— Ma bonne amie... si vous voulez ne pas vous moquer de moi, je vous dirai quelque chose...

— Ah! chère enfant! est-ce que je puis avoir envie de me moquer de personne? explique-toi.

— Eh bien! j'ai idée qu'avant peu nous reverrons Gustave, qui, sans doute, nous apportera des nouvelles de mon père...

— Qui te fait penser cela?...

— Un rêve... Oh! un singulier rêve. Avant-hier... il m'a semblé le voir, l'entendre me parler au milieu de la nuit... Il m'a semblé même qu'il déposait un baiser sur mon front... J'ai poussé un cri... l'ombre a disparu...

— C'est bien singulier! s'écria la bonne femme. J'ai fait avant-hier aussi le même rêve que toi... Mon fils est venu m'embrasser pendant mon sommeil...

— Serait-il possible!... et vous ne me le disiez pas...

— Mais ce n'est pas la première fois que cela m'arrive. Quand je m'éveille, il me semble que je sens encore l'impression de son baiser, que j'entends le bruit de ses pas... qui s'éloignent...

— Et moi aussi... Oh! quel bonheur... il va revenir alors... c'est un avis du ciel.

Mais tout à coup les deux femmes deviennent tristes, pâles, effrayées, et la pauvre mère murmure:

— Mon Dieu! si c'était l'ombre de mon fils qui revînt nous voir... alors... c'est qu'il serait donc mort!...

— Oh! non! non, ma mère!... ce n'est pas possible!... cela n'est pas son ombre! s'écrie Adolphine en jetant ses bras autour du cou de sa compagne, et en lui cachant son visage pour lui cacher ses larmes.

XII.

VISITE NOCTURNE.

Quelques jours après la conversation que nous venons de rapporter, Adolphine et la mère Bloquet venaient de se dire bonsoir pour aller se livrer au repos, et cela après avoir encore longtemps causé des objets de leur tendresse, de ceux qu'elles attendaient, qu'elles espéraient toujours voir revenir dans leurs bras, et dont elles n'avaient encore aucune nouvelle.

Mais chaque soir, en se quittant, les deux femmes se disaient :

— Demain peut-être serons-nous plus heureuses... demain peut-être le ciel nous rendra à notre amour.

Sans cette espérance qui les soutenait, leur vie eût été bien triste, bien amère.

Il faut donc toujours espérer, même lorsqu'on n'entrevoit plus de changements heureux dans l'avenir ; car le temps est un livre dans lequel personne n'a jamais su lire couramment.

Mais ce soir-là Adolphine était rentrée dans sa chambre le cœur plus gros, l'âme plus affligée que de coutume.

C'est que M. Moulinard, le notaire, était venu dans la journée voir ses deux protégées.

Cependant ce monsieur se présentait toujours avec le même sourire sur les lèvres ; sa voix était aussi mielleuse que de coutume en parlant à Adolphine, ses manières aussi doucereuses, son regard aussi patelin.

Et c'était cet homme qui avait préservé de la misère la jeune fille et la pauvre mère : elles le croyaient du moins ; et à ce titre elles devaient avoir pour lui, sinon de l'affection, tout au moins de la reconnaissance.

D'où vient donc que, malgré elle, la fille du général se sentait mal à son aise auprès de lui ; que, loin de lui être agréable, sa présence lui causait un embarras et une secrète répulsion dont elle ne pouvait se rendre compte...

C'est que, tout en conservant son air patelin, M. Moulinard attachait souvent sur Adolphine des regards dans lesquels il y avait autre chose que de la bienveillance ; c'est que, lorsqu'il venait à la laiterie, il semblait toujours trouver des prétextes pour éloigner l'ex-vivandière et rester en tête-à-tête avec la jeune fille.

Dans ces tête-à-tête, il ne se passait rien qui pût positivement alarmer la pudeur d'Adolphine ; cependant, pour causer avec elle, elle trouvait que M. Moulinard mettait sa chaise bien près de la sienne ; puis, tout en causant, il arrivait parfois au notaire de poser sa main sur le bras ou sur le genou de la charmante jeune fille : c'était sans y penser sans doute ; car il s'empressait de retirer sa main en voyant Adolphine reculer vivement sa chaise.

Mais ces distractions devenaient de plus en plus fréquentes, et ce jour-là elles s'étaient renouvelées si souvent, que la jeune fille en avait éprouvé comme un sentiment de terreur.

Et puis M. Moulinard n'était nullement consolant : semblable à ces médecins qui, pour se donner plus de mérite, vous effrayent au lieu de vous rassurer sur votre maladie, le notaire secouait la tête d'un air de mauvais augure lorsque la jeune fille lui parlait de son père, en répondant d'un air fort peu rassurant :

— Je ne veux pas vous affliger... je serais au désespoir de vous faire de la peine... mais, franchement, je doute que vous le revoyiez jamais... Bonaparte l'aura fait jeter dans un cul de basse-fosse... s'il ne l'a pas fait fusiller... Après cela je puis me tromper... je désire me tromper.

Et sur le chapitre de Gustave, le notaire paraissait sûr de son fait ; il disait à Adolphine :

— Mademoiselle... je ne voudrais pas le dire devant la mère Bloquet pour ne pas affliger cette pauvre femme... mais je suis bien persuadé qu'elle ne reverra jamais son fils... Ce jeune homme aura été envoyé à l'armée... Vous savez qu'on se bat maintenant... Grâce à notre premier Consul, on se bat presque toujours... le jeune Gustave n'aura pas eu le temps de vous écrire, ou la lettre se sera égarée... et il aura été tué sur le champ de bataille. L'Écriture dit : Celui qui se sert de l'épée périra par l'épée... et l'Écriture ne saurait se tromper.

— Alors, monsieur, vous périrez donc par la plume, vous ! disait la jeune fille avec humeur.

— Mademoiselle, c'est probable ; c'est-à-dire qu'à force d'écrire... de travailler, je me donnerai une maladie qui m'emportera. Oh ! je m'y attends... seulement, cela peut m'arriver bien tard. Voyez, la plupart des marins périssent en mer ; les maçons se tuent sur leurs échafaudages, les ouvriers en glissant de dessus les toits ; les pompiers périssent dans les incendies, les charretiers sous les roues de leurs voitures... Oh ! cela ne manque jamais.

— Et nous, monsieur, qui vendons du lait et de la crème, c'est donc cela qui nous fera mourir ?...

Le notaire était resté un peu sot à cette question de la jeune fille ; puis il avait répondu :

— Il y a bien quelques exceptions... mais l'exception prouve la règle. Ainsi, croyez-moi, mademoiselle, tâchez d'oublier M. Gustave... Vous n'êtes point d'un âge à ne plus connaître l'amour... vous êtes si bien faite pour l'inspirer ; d'autres vous aimeront, charmante Adolphine ; d'autres seront heureux de faire palpiter votre petit cœur.

— Mais moi, monsieur, je n'en aimerai pas d'autre que Gustave !... et lors même que je ne devrais plus le revoir, je sens que je ne l'oublierai jamais !

— Mademoiselle !... ces choses-là se sont dites de tout temps. Mais lisez l'histoire... consultez la vie des femmes célèbres... depuis *Andromaque* jusqu'à la *matrone d'Éphèse*, cette veuve inconsolable qui voulait avaler les cendres de son mari en pilules !... et vous verrez qu'il est dans la nature de se laisser consoler.

C'était le jour qu'elle avait eu cette conversation avec M. Moulinard que la jeune fille s'était sentie plus triste, plus découragée que de coutume.

Cependant, après avoir dit bonsoir à celle qu'elle appelait sa mère, Adolphine avait retrouvé de l'espérance dans la prière et du calme dans le sommeil.

Il pouvait être une heure après minuit ; le temps était sombre, lourd, et faisait présager un orage.

Déjà même quelques éclairs avaient, à de courts intervalles, permis de distinguer les belles avenues du bois de Vincennes ; et, à la lueur de ces éclairs, on aurait pu alors apercevoir un jeune homme coiffé d'un bonnet de police et le corps enveloppé dans un vaste manteau bleu, qui, marchant aussi vivement que l'obscurité pouvait le permettre, suivait un des chemins qui, du château de Vincennes, conduisaient à cette partie du bois qu'on nommait bois de Beauté, près duquel était située la laiterie.

Il n'était pas facile de se diriger pendant une nuit sombre dans un bois où tous les chemins se ressemblent presque tous, et, à l'époque où se passent les événements que nous racontons, on n'avait pas encore fait dans le bois de Vincennes ces coupes si nombreuses qui lui ont fait perdre une grande partie de sa beauté.

De temps à autre, lorsqu'un éclair sillonnait la nue et donnait une teinte blafarde aux nombreux sentiers du bois, le jeune homme s'arrêtait et regardait autour de lui pour chercher à s'orienter ; mais la clarté passait si vite, qu'il avait à peine le temps de reconnaître quelques plants devant lui.

Cependant, il marchait ensuite avec une nouvelle ardeur jusqu'à ce que, se heurtant contre un arbre ou un buisson, il s'arrêtait en murmurant :

— Mon Dieu ! est-ce que je me serais trompé de chemin ?... Quel malheur si je m'étais égaré... J'ai si peu de temps pour les revoir, pour jouir du bonheur de les contempler... Fatale nuit qui me permet à peine de voir à quatre pas devant moi !... N'importe... avançons toujours...

Tout à coup, au détour d'un sentier, le jeune homme laisse échapper un cri de joie ; il vient de se trouver devant la laiterie ; il est à deux pas du petit mur qui sert de clôture au jardin.

Aussitôt, se dirigeant vers un endroit qu'il connaît, et où l'escalade est très-facile, le jeune homme se débarrasse de son manteau qu'il roule et jette dans le jardin ; ensuite, montant lestement à la brèche, il a bientôt franchi le mur ; il marche alors vers la maison, écoutant s'il n'entend point de bruit dans l'intérieur. Là, il s'arrête un moment ; il baisse tristement la tête sur sa poitrine :

— Elles doivent dormir maintenant, se dit-il, et je ne puis les réveiller. Je ne puis leur dire : Ma mère, voilà votre fils... Adolphine, voilà votre amant, votre fiancé qui vient vous serrer contre son cœur... Mais on m'a fait jurer sur l'honneur que je ne me montrerais à personne ; ce n'est qu'à cette condition que j'ai obtenu ce moment de liberté... et un militaire doit avant toute chose être fidèle à l'honneur. Profitons du moins de cette liberté qu'on m'accorde, et tâchons de voir encore, pendant qu'elles sommeillent, celles qu'il ne m'est pas permis de presser dans mes bras.

La porte de la maison était fermée ; mais Gustave, car vous avez déjà reconnu dans ce jeune homme l'aide de camp du général Desparville, Gustave avait trouvé un moyen pour pénétrer dans l'intérieur de la laiterie. A l'aide d'un treillage, il montait jusqu'au balcon d'une chambre du premier étage ; il avait trouvé là un carreau brisé, et, en passant sa main au travers de la vitre, il ouvrait facilement la fenêtre. Une fois dans la chambre, il arrivait aisément jusqu'à sa mère, et de là chez Adolphine ; car celles-ci dormaient sans crainte avec leur clef sur leur porte. Les personnes pauvres ne redoutent guère les voleurs, et l'on est quelquefois mieux gardé par sa confiance que par des verrous.

En approchant de la chambre de sa mère, Gustave marchait avec beaucoup de précaution ; ses pieds effleurent à peine le parquet. Enfin, il a ouvert la porte, et, à la faible lueur d'une veilleuse que depuis sa maladie la veuve Bloquet laissait toujours brûler pendant son sommeil, Gustave aperçoit les traits de celle qui lui donna le jour. Il s'arrête pour la contempler avec respect, avec tendresse ; mais son cœur se serre, et un sentiment de tristesse se glisse dans son âme ; car, en considérant sa mère endormie, il peut tout à son aise voir quels ravages les chagrins, plus encore que la maladie, ont déjà faits sur cette figure qui avait été belle autrefois, et qui l'était toujours aux yeux de son fils.

— Pauvre mère ! se dit tristement Gustave, quel changement en si peu de temps !... Ces joues creuses et amaigries, ce front où se montrent de nouvelles rides, m'annoncent assez combien de chagrins ont passé par là... Et je ne puis vous rendre au bonheur en vous pressant dans mes bras... Il est vrai qu'ensuite il me faudrait également vous quitter... Maudit serment !.. mais dois-je me plaindre, puisqu'on me permet de revoir ma mère ?

Et Gustave, s'approchant du lit en marchant sur la pointe de ses pieds, se penche doucement et touche de ses lèvres le front de sa mère. Ensuite, se reculant avec les mêmes précautions, il se dispose à se diriger vers la chambre d'Adolphine, lorsque, par réflexion, il s'arrête et va enlever la veilleuse qui est sur une table, en se disant : La dernière fois que je suis venu, j'ai bien entendu le doux bruit de sa respiration, mais dans l'obscurité, je n'ai pu jouir de la vue de ses traits charmants... Aujourd'hui essayons d'être plus heureux.

Et le jeune homme, tenant toujours le petit vase dans lequel brûle la veilleuse, arrive dans la chambre d'Adolphine. Craignant que la clarté ne réveille sa bien-aimée, il dépose aussitôt la lumière dans un coin de la chambre ; de là, c'est à peine si la faible clarté arrive jusqu'au lit où repose la jeune fille ; mais les yeux d'un amant sont clairvoyants, et Gustave sent déjà son cœur battre de bonheur et d'amour, car il a revu son Adolphine.

La jolie fille reposait, la tête appuyée sur un de ses bras, tandis que l'autre était nonchalamment étendu ; un petit bonnet mal noué ne cachait qu'à demi ses beaux cheveux, dont plusieurs mèches flottaient en liberté sur son cou ; et peut-être l'orage ayant agi sur ses sens, elle avait à moitié repoussé sa couverture qui arrivait à peine à la naissance de son sein.

C'était un délicieux tableau que celui de cette ravissante jeune fille, dormant ainsi en cherchant de la fraîcheur. Il eût charmé tout homme qui n'eût pas connu Adolphine ; que l'on juge alors de l'effet qu'il devait produire sur celui qui l'adorait !

Aussi Gustave est-il resté immobile et comme en extase. Il n'ose pas avancer davantage, de crainte de réveiller la charmante dormeuse ; il la contemple avec ivresse, il se sent frémir, trembler, et il est un moment fâché d'avoir apporté la veilleuse, car il sent qu'il s'est mis là à une rude épreuve.

Cependant celle qui est là est sa fiancée... elle allait être sa femme lorsque les événements les ont séparés ; il ne serait peut-être pas bien coupable de prodiguer les plus douces caresses à tous ces charmes qui l'enivrent... Mais il est probable qu'en succombant à ce désir, il réveillerait Adolphine, qui, le reconnaîtrait, et alors il manquerait à son serment. Et avec ce serment, il y va de la vie, de l'honneur d'un autre. Le pauvre jeune homme a besoin de se dire tout cela pour résister à la tentation... Il y parvient cependant. Il y a bien des traits de courage dont on nous glorifie et qui n'ont pas autant de mérite que celui-là.

Gustave se consultait pour savoir si avant de repartir il déposerait un baiser sur la joue... ou peut-être sur l'épaule demi-nue d'Adolphine, il avait fini par s'accorder cela, et il allait s'approcher du lit... lorsque tout à coup la jeune fille, sans s'éveiller, se retourne sur sa couchette, et ses mouvement assez brusque, rejette presque entièrement loin d'elle sa malencontreuse couverture.

Pauvre Gustave ! que devient-il en apercevant une jambe si bien faite, qu'un peintre la voudrait pour modèle, puis un genou blanc et mignon ? Il soupire, il étouffe... mais s'il fait un pas de plus vers la dormeuse, il sent bien qu'il est perdu et que son serment sera oublié... Il faut donc qu'il s'éloigne sans lui donner un baiser, et qu'il s'éloigne bien vite, car il n'est que temps.

C'est ce que fait le jeune officier : en un instant il a fui, il a sauté en bas du balcon, escaladé le mur, et couru à travers le bois de Vincennes.

Estimable jeune homme ! j'ignore s'il avait alors la croix, mais pour la conduite qu'il venait de tenir, il l'aurait bien méritée.

XIII.

TAQUINET EN VOYAGE.

Pendant que ces événements se passaient en France, revenons au petit bossu que nous avons laissé prêt à partir pour l'Allemagne.

Avec ses économies qui se montaient à cinquante louis, somme énorme à ses yeux, sa gratification et son pantalon neuf, Taquinet s'était mis en route heureux comme un roi, gai comme un pinson, et enchanté surtout de n'avoir point revu M. Fourmi.

Jusqu'alors Taquinet n'avait jamais voyagé ; ses plus longues excursions n'avaient point dépassé la banlieue de Paris.

Cette fois il va voir autre chose ; il s'attend à des merveilles, et pour ne rien perdre, pour voyager avec fruit, il s'est placé sur la diligence. C'est en effet la meilleure manière de bien voir les pays que l'on traverse ; et les chemins de fer remplaceront difficilement ce plaisir-là.

Taquinet n'avait sur l'impériale qu'un seul compagnon de voyage : c'était un homme entre deux âges, dont un accent faisait sur-le-champ reconnaître pour un enfant des bords de la Garonne.

De taille moyenne, mais bien bâti, assez bien de figure, à l'œil noir et vif, au teint brun et chaud ; faisant le beau en parlant, et parlant beaucoup, ou plutôt parlant toujours. Du reste, ayant de bonnes manières et vous assommant à force de politesse.

Le costume de ce monsieur n'annonçait pas précisément un nabab, mais pour voyager, on n'a guère l'habitude de faire de la toilette ; il avait un habit bleu à boutons de soie noire, lequel, suivant la mode de cette époque, était coupé fort court par-devant, mais avait des basques fort longues et fort étroites. Le collet de cet habit, qui était en velours, avait dû souvent recevoir la pluie, car, à force d'être mouillé et essuyé, il ressemblait à de la panne. Sous cet habit qui était toujours boutonné, on voyait le bas d'un gilet à gros bouquets, imitant plutôt l'indienne, que le cachemire ; puis venait un pantalon de drap vert à côtes, qui pinçait et collait tellement sur les cuisses de son propriétaire, que cela eût été indécent, si l'étoffe n'eût pas été foncée.

Ce monsieur était chaussé de bottes à revers qui lui tombaient à mi-jambes. Enfin, son menton était enfoncé dans une énorme cravate à carreaux qui avait un nœud très-artistement fait. Par-dessus ce costume le voyageur portait ce que l'on nommait alors un baladras : c'était ce que sont nos paletots d'aujourd'hui, en y ajoutant un collet qui retombait jusqu'à moitié du dos. Ce dernier vêtement était d'une couleur fauve et paraissait avoir fait beaucoup d'usage.

Cependant, au bout des manches, et autour du collet, on apercevait encore quelques bribes de poil de lapin rougeâtres qui, vus de très-loin, avaient un faux air de fourrure. Pour coiffure, ce monsieur portait un chapeau à trois cornes ; on en voyait alors presque autant que des ronds. Mais celui du voyageur était d'une grandeur gigantesque, et recouvert de toile cirée.

A peine Taquinet avait-il pris place sur l'impériale, que le voyageur s'était montré pour lui d'une excessive politesse ; d'abord il lui avait offert de changer de place, s'il ne se trouvait pas bien à la sienne ; puis il s'était reculé de crainte de le gêner, puis il lui avait offert du tabac.

— Parbleu ! se disait le petit bossu, je tombe bien ; j'ai un compagnon de voyage charmant... il a les manières d'un marquis... C'est peut-être un vicomte... quoiqu'il ait un costume assez démodé... Mais au temps où nous sommes, il y a tant de nobles qui ont éprouvé des malheurs... celui-ci a peut-être émigré... Ce que je n'aime pas, c'est son chapeau à cornes recouvert en toile cirée... Cependant je conçois que si son chapeau est neuf, c'est un moyen pour le conserver dans tout son lustre.

La conversation n'avait pas tardé à s'engager entre les deux compagnons d'impériale, qui n'étaient pas plus amateurs du silence l'un que l'autre.

— Sapristi ! que c'est amusant de voyager... de se sentir rouler et de voir des sites que l'on ne connaît pas se dérouler devant vous ! s'était écrié Taquinet en portant des regards enthousiastes sur les champs de pommes de terre, des arbres rabougris et de vilaines petites masures de paysans qui semblaient devoir être tout au plus habitées par des animaux de la basse-cour.

— Est-ce que monsieur n'aurait pas encore vu beaucoup de pays... dit le monsieur au baladras, en lorgnant son voisin du coin de l'œil, et faisant en parlant sonner les *s* de manière que cela ajoute un sifflement continuel à sa conversation.

— Moi, monsieur, c'est la première fois que je voyage; je suis un enfant de Paris, et je n'avais pas été plus loin que Versailles, Vaugirard et Montmorency. C'est pourquoi vous me voyez dans l'ivresse... dans l'ébahissement... Cette campagne me semble déjà superbe... Oh! qu'est-ce que je vois là-bas... à droite... ces buttes dans la plaine... Est-ce que ce sont déjà des rochers...

— Non passs... ce sont des meules de foin tout bonnement!...

— Vous croyez... Alors elles sont bien plus belles que celles que j'ai vues dans les plaines de Vaugirard...

— Jé conçois votre enthousiasme, monsieur;.. Mais quand vous aurez parcouru comme moi les quatre parties du monde, rien ne vous étonnera, vous serez bien plus indifférent aux points de vuesss...

— Vous avez été dans les quatre parties du monde, monsieur!...

— Eh! mon Dieu oui. Jé crois même en avoir découvert une cinquième, entre New-York et le saut du Niagara, mais j'étais alors si pressé... et la mer me fait tellement mal au cœur, qué jé n'ai pas eu lé tempss de la visiter. Ce sera pour une autré foisss!

Diable! se dit Taquinet, s'il n'avait pas l'accent gascon, j'aurais pensé que c'était un Anglais; car je sais que les Anglais passent une partie de leur vie à voyager.

Pendant la première journée, le Gascon a laissé jaser Taquinet; il semble vouloir le tâter, il se contente de lâcher de temps en temps des demi-mots où il est toujours question de sa fortune, de son château, de ses gens et de ses chevaux. Le petit bossu se dit:

— C'est un homme riche!... je ne l'aurais pas devine à son balandras dont la fourrure est furieusement mesquinè; mais s'il a parcouru avec cette houppelande les quatre parties du monde, il n'est pas étonnant qu'il y ait laissé quelques-uns de ses poils... Alors ce doit être un original qui voyage pour son agrément.

Taquinet a remarqué que son compagnon de voyage ne descendait point lorsqu'on s'arrêtait pour dîner. Il ne se permet aucune réflexion; seulement en remontant à sa place, il trouve son voisin d'impériale en train de se nettoyer les dents avec un cure-dent, occupation à laquelle il se livre avec une certaine affectation.

— Vous n'êtes point venu dîner avec nous à la table d'hôte? dit Taquinet en s'entortillant dans une vaste redingote dont il avait fait emplette le matin de son départ.

— Moi dîner à table d'hôte!... fi donc! jé vous avoue que cela ne me tente passs... Est-ce que vous appelez dîner être avec un tas d'individus qui se pressent d'avaler, qui se disputent les morceaux, qui tombent sur ceux dont vous avez envie et ne vous laissent que des os... et puis les servantes qui vous emportent vos assiettes avant qu'elles soient vides... ou que vous appelez en vain pour vous passer un plat... et puis ceci qui est trop chaud, cela qui est trop froid... les volailles à moitié cuites pour que vous n'y touchiez pas, le vin mauvais pour que vous en buviez moins, et par là-dessus le conducteur qui vient vous crier:

— Allons, messieurs, allons, en voiture... il faut partir, nous sommes en retard de dix minutes... vite, en voiture! Et cela au moment où vous commencez seulement à entamer le second service. Voilà ce que c'est qu'un repas de table d'hôte pour les voyageurs.

— C'est vrai!... sapristi! c'est bien cela! dit Taquinet; le tableau n'est pas chargé; voilà bien ce que je viens de voir. Mais heureusement pour moi, je mange très-vite et j'ai enfoncé tous mes voisins.

— Moi qui aime dîner à mon aise, j'emporte toujours des provisions, un excellent pâté, une volaille plus ou moins truffée... un délicieux saucisson- et quelques flacons de chambertin. Avec cela, je dîne dans la voiture tranquillement..... gentiment..... Oh! jé né suis pas gourmand... j'ai dîné souvent aux premières tables dé l'Europe... et en Amérique où j'ai séjourné quelque temps, jé né dépensais jamais moins de dix écusss à mes repas!... Eh! jé vous jure qué tout à l'heure j'ai aussi bien dîné qu'alors... peut-être mieux, car j'étais en appétit.

— Où diable met-il donc ses provisions? se dit Taquinet en jetant un coup d'œil autour de lui. Il aperçoit enfin une espèce de sac de nuit, que son compagnon avait entre les jambes et qu'il vient de repousser à ses pieds. Ce sac de nuit est d'un assez mince volume; mais peut-être ce monsieur a-t-il mangé à son dîner une grande partie de ses provisions.

A la troisième révérence, Fortensac, ajoutant tout à coup un saut en arrière, Taquinet a sa belle frisure écrasée sur le bas du dos du marquis.

Taquinet, qui a eu le talent de boire souvent à la table des voyageurs et qui n'a pas trouvé le vin trop mauvais, parce que la cave de M. Moulinard ne l'a pas rendu difficile, se sent plus en train de causer, de s'épancher. On a dit souvent qu'un bon repas produisait cet effet-là. Alors, méfiez vous des gens qui boivent peu, qui se tiennent toujours sur leur réserve, qui veulent conserver leur sang-froid quand vous vous inquiétez peu de perdre le vôtre. Ces gens-là ne s'épancheront jamais avec vous.

Le petit bossu se tourne donc vers son compagnon, qui vient encore de lui offrir du tabac, et lui dit:

— Ma foi, vous me croiriez si vous voulez, mon cher monsieur, mais ce voyage me délecte beaucoup... il commence pour moi sous les plus heureux auspices... D'abord un compagnon de route fort aimable... c'est déjà beaucoup!

— Vous me flattez... mais de mon côté si je vous jure qué jé suis enchanté de mé trouver avec un homme de votre mérite et de votre esprit... car vous pétillez d'esprit... Je n'ai pas eu besoin dé causer longtempsss avec vousss... pour m'en apercevoir.

Taquinet devient bouffi de joie ; il n'avait pas été habitué à s'entendre adresser des compliments, et son amour-propre est moelleusement chatouillé. En ce moment son voisin lui semble un prince russe, et les poils de lapin qui garnissent le collet du balandras sont devenus de l'hermine aux yeux du petit bossu. Tant il est vrai que la flatterie fait toujours son effet, même sur les hommes qui devraient le plus la trouver ridicule à leur adresse.

— Est-ce que je ne vous ai pas encore dit pourquoi j'allais en Allemagne ? reprend Taquinet.

— Vous ne m'en avez pas soufflé mot, et je suis trop discret pour vous questionner. La confiance est comme l'amour, il faut qu'elle vienne d'elle-même !

— Je vous dirai mon histoire en fort peu de mots. Je suis clerc de notaire... c'est-à-dire j'étais clerc chez M. Moulinard...

— Moulinard... Oh ! j'en ai beaucoup entendu parler... je dois même le connaître... la perle des notaires !...

— Perle, si vous voulez... après tout, il y a différentes espèces de perles... il y en a de vraies et de fausses. Revenons à moi. Je gagnais fort peu d'argent... mais, comme je ne dépense presque rien, depuis seize ans j'ai fait des économies... pas assez pour acheter la charge de mon patron. Il me disait sans cesse : Mariez-vous et achetez ma charge avec la dot de votre femme... Ces choses-là sont bien faciles à dire ; mais vous concevez... je ne suis pas bâti comme l'Antinoüs...

— Eh donc ? que vous manque-t-il... rien que je voye... vous avez bon pied, bon œil !

— Il ne me manque rien ; au contraire, j'ai quelque chose de trop...

— Où donc cela ?

— Pardieu... sur le dos... cette proéminence...

— Ah ! par exemple... cette légère courbure... Ma foi, si vous ne l'aviez pas dit, parole d'honneur je ne m'en serais pas aperçu.

— Oh ! vous plaisantez !

— Non, je vous assure qu'on ne s'en douterait pas quand vous êtes assis !... Vous tenez un peu votre tête en avant, c'est vrai, mais ce n'est pas laid... J'ai cru que c'était par coquetterie, pour vous donner un air penché.

— Oh ! vous êtes trop bon !...

Taquinet est dans le ravissement ; il se rengorge, se redresse ; s'il l'osait, il embrasserait son compagnon de route ; mais il n'ose pas.

Le Gascon reprend :

— Si vous aviez été en Amérique, monsieur, vous y auriez fait tant de conquêtes que vous en auriez eu par-dessus les yeux !... Les femmes y adorent les bossus, d'autant plus que l'on en voit fort peu ; ils y sont d'une extrême rareté, et les Américaines, qui se connaissent en hommes, ont remarqué qu'en sus de l'esprit dont ils regorgent, ce sont les gaillards qui ne boudent pas auprès du sexe... Eh ! eh... vous m'entendez...

— Parfaitement ! répond Taquinet en se tordant de plaisir sur sa banquette. C'est vrai que le sexe a pour moi bien des charmes... Je raffole des femmes... Oh ! les femmes... sapristi quel nanan !

— Hein ! quand je disais que vous étiez des hommes à femmes... Je gagerais que vous avez eu bien des bonnes fortunes. Oh ! Dieu... vous ne pourriez pas les compter sans doute ?

Ce mot rappelle au petit bossu ses aventures chez Claquette Tortillon ; il pendore sentir sur son derrière sa culotte mouillée, et, dissimulant une légère grimace, il répond :

— Laissons là les bonnes fortunes. Je vous disais donc que j'étais clerc de notaire et que j'avais l'intention de me marier. N'ayant pas jusqu'à présent réussi à réaliser cette intention, j'avais presque renoncé à ce projet dernièrement j'ai reçu une lettre d'un de mes cousins, qui habite Munich en Bavière.

— Très-bien... Oh ! je connais beaucoup !

— Vous connaissez mon cousin ?

— Non, mais je connais Munich, charmante ville où l'on fait d'excellente musique. Poursuivez.

— Je ne sais pas si mon cousin fait aussi de la musique, mais je sais qu'il est marchand de tabac.

— Le tabac s'allie parfaitement avec la musique.

— Mon cousin Robinet... Il s'appelle Robinet,..

— C'est un nom fort coulant.

— Mon cousin connaissait mon désir de me mettre en ménage, et il m'a donc écrit dernièrement que si je voulais faire le voyage et aller le trouver, il pensait avoir découvert un trésor... tel qu'il me le fallait.

— Ah ! diable... Et vous donne-t-il quelques détails sur la personne ?

— Oui... Pourtant ce qu'il me dit est un peu entortillé... ma foi, j'ai sa lettre sur moi... je vais vous la lire, vous me direz ce que vous pensez... que peut-être la personne...

— Très-volontiers... je vous prête mes oreilles.

Taquinet tire une lettre de son portefeuille et lit :

« Eh bien, mon petit cousin, tu ne peux donc pas parvenir à te « marier... cela doit te vexer, toi qui as du penchant pour la bosse. « (Oh ! oui ! j'aime le sexe !...) Il paraît que les Parisiennes ne donnent « pas dans la bosse... (Ceci est une plaisanterie de mon cou- « sin...)

— Plaisanterie d'assez mauvais goût... mais un marchand de tabac n'est pas obligé d'avoir de l'esprit... Poursuivez.

« Veux-tu risquer le voyage de Munich ? je crois, moi, que je t'ai « trouvé ce qu'il te faut. C'est une jeune personne majeure, qui a en « écus quatre-vingt mille francs devant elle... Elle n'est pas précisé- « ment jolie, mais il y en a de plus laides... Quant à sa vertu, je n'en « parle pas... ce sont de ces choses qu'il ne faut jamais approfondir. « Comme cette demoiselle a un penchant très-prononcé pour les « Français, il me semble que tu pourras réussir près d'elle, car, en « ce temps de guerre, les Français sont rares ici. Viens, je te présen- « terai ; tu seras très-aimable, tu captiveras la demoiselle... tu ne « te retourneras pas... » (Ceci est encore une plaisanterie de mon cousin !...)

— Pitoyable jeu de mot !... Ah ! si vous alliez en Amérique, les femmes vous voudraient, au contraire, vous envisager que par derrière ; mais achevez...

« Et je ne doute pas que tu ne deviennes l'époux de mademoi- « selle Dulcinée Elwidge Carottsmann. Ton affectionné cousin Robi- « net. » — Eh bien... que pensez-vous de la demoiselle qu'on me pro- pose... elle a quatre-vingt mille francs ; ceci est le positif et me plaît beaucoup.

— Oui, mais le reste est vague..... si j'osais même, je dirais louche.

— Je suis assez de votre avis, mais les quatre-vingt mille francs me séduisent, je ne vous le cache pas !

— Qu'est-ce que cela pour vous ! vous devez pouvoir trouver dix fois mieux !

— Au contraire, c'est que je ne trouve rien du tout. Toute ma for- tune se borne à ce que j'ai amassé à être notaire, et c'est pour la chose... cinquante louis, que j'ai emportés avec moi, parce qu'enfin, si je me fixe en Allemagne, ce n'était pas la peine de laisser mes fonds à Paris.

— Vous avez très-bien fait... d'autant plus que cette somme pourra vous servir.

— Enfin je verrai mademoiselle Carottsmann !...

— Savez-vous l'allemand ?

— Pas un mot...

— C'est fâcheux ; mais si je puis vous être utile, vous servir de truchement, disposez de moi.

— Est-ce que vous allez aussi à Munich... je croyais vous avoir entendu dire d'abord que vous alliez à Strasbourg.

— Certainement, je vais à Strasbourg, puisque c'est là que cette diligence nous conduit, mais il est possible que je ne m'y arrête pas ; cela dépendra de circonstances.

— Ça me ferait bien plaisir, si vous veniez avec moi jusqu'à Munich... j'en serais ravi, foi d'Hercule Taquinet...

— Eh bien, mon cher monsieur Taquin...

— Taquinet.

— Taquinet, c'est aussi un motif qui pourra me faire pousser jus- qu'en Bavière. Et puis qu'est-ce que c'est que cent lieues de plus ou de moins, pour un homme qui a fait le tour du monde ?

— C'est vrai, pour vous c'est une enjambée...

— Vous avez eu la bonté de me confier vos affaires, permettez qu'à mon tour je vous fasse connaître votre compagnon de voyage... Je vais me déboutonner... Je n'en ferais pas autant pour tout le monde! mais jé vois à qui j'ai affaire... Vous êtes un homme d'honneur, vous né mé trahirez passs!...

— Monsieur... certainement, je suis très-honoré!...

— Pas un mot de plus. Je commence : vous voyez en moi le dernier rejeton dé l'illustre famille des Fortensac ; le marquis de Fortensac, mon père, était premier gentilhomme du cabinet intime de Louis XV, mon aïeul était grand chambellan de Louis XIV, mon bisaïeul était généralissime sous Louis XIII... Bref! si je voulais remonter toujours avec mes ayeux, je n'en finirais plus!... Cela va, cela sé perd dans l'origine de l'entrée des Francs dans les Gaules!... C'est seulement pour vous dire qué je suis d'une assez belle noblesse. Nous étions fort riches... près d'un million dé revenu. Mon père les mangeait, mais il ne touchait pas à son fondsss. Lorsque arriva la révolution... dans cette affreuse bagarre, je voulais couvrir les princes dé mon corps, mais mon père préféra émigrer... je dus lé suivre. Nous avons emporté quelques centaines de mille louis. Mais qu'est-ce qué cela pour un millionnaire!... mon père était joueur comme il convient à un homme de qualité. Il eut bientôt perdu nos finances; nous étions alors en Angleterre. Heureusement, nous avions un immense crédit; mais ayant perdu mon père au bout de deux ans de séjour en Angleterre, je résolus de voyager ; on m'avait bien proposé d'épouser une riche, très-riche Irlandaise... mais, jé la refusai... elle n'était point noble; vous comprenez qu'un Fortensac ne peut pas se mésallier. J'ai voyagé en philosophe; partout mon nom m'a ouvert les portes des plus grandes maisons; enfin, le calme étant revenu en France... je dis le calme, quoique votre premier consul se batte presque toujours, mais les émigrés n'étant plus traités commé des bêtes fauves, je suis revenu à Paris. Malheureusement, une grande partie dé mes biens ont été vendus!... Cependant il y en a encore qui ne le sont point, et incessamment, je suis à peu près sûr de rentrer dans trois ou quatre cent mille livres de rente..... c'est peu, quand on a été millionnaire ! mais il faut savoir se borner !... en attendant, j'ai beaucoup de crédit, chacun m'ouvre sa bourse !... vous concevez, sachant que je rentrerai bientôt dans une partie de mes biens, c'est à qui me prêtera!... Je n'abuse point de la confiance qu'on me témoigne, seulement jé prends mes notes... Oh! jé ne suis pas de ces nobles qui oublient les services qu'on leur rend!... Tous ceux qui me prêtent de l'argent seront remboursés avec trois cents pour cent de bénéfice... ni plus, ni moins... Ainsi, vous me prêteriez cent francs, je vous rendrais cent écus... vous mé prêteriez un habit, je vous en rendrais trois, et toujours comme cela!... et ce moment, tenez, savez-vous cé qué je vais faire à Strasbourg?... je vais voir un de mes amisss qui jadis m'a prêté mille francs. Je sais qu'il n'est plus très-heureux, je lui porte trois mille livres!

— Vous êtes donc rentré dans vos biens? dit Taquinet.

— Pas encore tout à fait ; mais de temps à autre jé rentre dans quelques petites fermes... cela fait vivoter en attendant mieux. Voilà mon histoire, monsieur Taquinet, et si quelque jour mon crédit et ma fortune peuvent vous être utiles, vous me ferez grand plaisir d'en disposer.

Le petit bossu s'incline avec respect, il saluerait jusqu'à terre s'il n'était pas assis. Cependant, malgré la confiance que lui inspire l'ancienne noblesse de son compagnon de voyage, il se demande comment il se fait qu'un marquis d'aussi antique race porte une toile cirée par-dessus son chapeau. Mais il se dit ensuite que ce doit être par originalité; d'ailleurs le marquis voyage incognito, ne lui a-t-il pas déclaré qu'il voulait cacher son rang? et en effet, le costume qu'il a pris n'est pas capable de le trahir.

— Maintenant qué nous nous connaissons, reprend M. de Fortensac, j'espère que nous agirons librement l'un avec l'autre... je mé flatte d'avoir encore des amis puissants... d'ailleurs, jé suis de bonne source que le premier consul a le projet de fondre l'ancienne noblesse avec celle qu'il compte donner à ses généraux. Je vous répète donc que vous pourrez disposer de mon crédit; de même que, si lui en a besoin, jé ne mé gênerai point pour disposer de votre bourse : entre amis, tout doit être en commun.

Le petit bossu trouve ce raisonnement assez captieux; cependant les bonnes manières de son compagnon de voyage ne lui laissant aucun doute sur la véracité de son récit, il s'incline de nouveau et accepte encore une prise de tabac de la vilaine petite boîte que M. de Fortensac semble considérer avec amour toutes les fois qu'il la sort de sa poche.

La première nuit se passe en voiture. Taquinet dort sans s'éveiller jusqu'au jour; son noble compagnon en fait autant, mais il n'entre pas à l'auberge; il prétend avoir des connaissances dans le pays. En retournant qu'il voulait cacher son rang, le petit bossu trouve encore son compagnon qui joue du cure-dent.

— Vous avez déjeuné dans la ville? dit Taquinet.

— Oui, chez bonnes gens qué j'ai obligées jadis... d'anciens serviteurs dé ma famille; ils ont voulu à toute force me retenir... je n'ai pas osé les refuser, dé crainte dé les blesser, et ils m'ont régalé... Ah! sandis! c'est effrayant, tout ce qu'ils m'ont forcé de manger!...

Les voyageurs ne s'arrêtent plus que pour dîner. Cette fois, le soi-disant marquis descend et entre à l'auberge avec Taquinet, qui lui dit :

— Allez-vous dîner à la table des voyageurs, avec moi?

— Ma foi oui, quoique je n'aie guère faim ; mais c'est pour ne point me séparer de vous.

— Vous êtes trop aimable.

Le gascon se place en effet à côté de Taquinet; celui-ci remarque que pour un homme qui n'a point d'appétit, M. le marquis joue de la mâchoire avec une dextérité sans égale ; et à la promptitude avec laquelle il dévore, au talent qu'il montre pour se faire servir et enlever les meilleurs morceaux dès qu'ils paraissent sur la table, Taquinet s'étonne que ce monsieur ait dit la veille autant de mal des tables d'hôtes, puisqu'il sait si bien y tenir sa place.

Cependant le cri en voiture! vient de se faire entendre. On se lève, et M. de Fortensac dit à Taquinet :

— Payez ce dîner pour moi, jé vous prie ; je ne veux pas changer.

Taquinet paie deux dîners, en se disant :

— Mon compagnon de route est un peu sans façon ; mais c'est un marquis... et ses manières d'agir sont celles des gens du grand monde. D'ailleurs, d'après ce qu'il m'a dit, s'il rend toujours trois fois ce qu'il a reçu, me voilà certain de dîner trois fois gratis... nom d'un petit bonhomme!... on pourrait faire de superbes spéculations avec ce monsieur... si on lui prêtait seulement vingt mille francs, il vous en rendrait soixante!..... quel dommage que je ne sois pas capitaliste.

XIV

PARTIE CARRÉE.

Le lendemain, les voyageurs étaient à Strasbourg.

Il était deux heures de l'après-midi, lorsque la diligence arriva au terme de sa course. Celle qui allait à Munich ne partait qu'à sept heures du soir.

— Nous avons cinq heures devant nous, dit Taquinet, je ne serais pas fâché de voir un peu cette ville, on fait de si bons pâtés. C'est dommage que vous ayez affaire, vous m'auriez servi de guide... et c'est bien plus agréable de se promener à deux, on cause en observant; et j'adore causer.

— Mes affaires seront promptement terminées, répond M. de Fortensac. Je suis obligé de faire un bout de toilette, parce que je vaisss chez gens de la plus haute volée; mais dans trois quarts d'heure, je vous rejoins, veuillez bien m'attendre sur la place devant la cathédrale. Vous savez qué c'est un des plus beaux monuments du style gothique... je vous ferai voir ensuite l'Arsenal, le Musée, l'hôtel des Monnaies...

— Ma foi, monsieur le marquis, si vous voulez mé permettre de vous parler franchement, je vous dirai que je n'ai pas l'amour des monuments. Je ne voyage pas pour voir des pierres plus ou moins vieilles... et puis je suis un âne en architecture ; ce que je verrai avec plaisir, ce sont les dames du pays... et on dit qu'elles sont jolies... j'aime mieux voir une femme que dix cathédrales... Je ne devrais peut-être pas avouer cela... mais c'est plus fort que moi.

— Eh! capedebious... que disais-je!... que les hommes voûtés sont des démons près du sexe... Jé ne vous blâme pas... mon cher ami... Eh! parbleu! je pourrai peut-être vous faire passer quelques heures agréables... j'ai connu ici des femmes ravissantes... il serait possible... attendez-moi sur la place... jé ne vous en dis pas plusss!... mais jé veux qué vous emportiez un doux souvenir de votre passage à Strasbourg.

Taquinet accepte avec joie ce que M. le marquis lui propose. Il laisse celui-ci procéder à sa toilette et il va flâner dans la ville, regardant de fort près les femmes, qui la plupart du temps lui rient au nez, mais le ci-devant clerc de notaire prend cela du bon côté, il se frotte les mains en se disant :

— Les Strasbourgeoises me paraissent fort gaies... elles doivent aimer la gaudriole... Tant mieux !... hum ! polisson que je suis ! penser encore à ces choses-là, après ce qui m'est arrivé chez la perfide Claquette... mais tiens !... raison de plus au contraire, il faut que je me venge de ce sexe trompeur... toutes les femmes ne sont pas des Claquette... il faut que je fasse des victimes, des malheureuses... Oh ! si je pouvais laisser une *Ariane* abandonnée dans Strasbourg... je me sens disposé à surpasser *Thésée*... que sait-on ? j'imiterai peut-être *Hercule* mon patron... Décidément, avant de me marier, je veux faire un peu le mauvais sujet...

Il n'y avait pas dix minutes que Taquinet était au rendez-vous que lui avait indiqué son compagnon de voyage, lorsqu'il aperçoit celui-ci qui vient vers lui à grands pas. M. de Fortensac a ôté l'enveloppe qui couvrait son chapeau à trois cornes, de plus il a un habit dont les boutons en cuivre jaune bombés brillent d'un vif éclat ; du reste, la couleur de l'habit est absolument la même que celui qu'il portait en voyage, et le collet, qui est aussi en velours, ressemble également à de la panne.

— Me voici, mon cher monsieur Taquinet, dit le marquis en abordant gracieusement le petit bossu ; est-ce que je me suis beaucoup fait attendre ?

— Mais non.

— J'ai une fâcheuse nouvelle à vous apprendre : je ne pourrai point vous accompagner à Munich.

— Ah ! diable ! et pourquoi donc ?

— Parce qu'un particulier qui a une centaine de mille francs à me remettre, vient de me prier de lui accorder quelques jours pour réaliser cette somme... il faut aussi que je vérifie ses comptes... que sais-je... Tout cela m'ennuie à la mort, mais cent mille francs, c'est quelque chose pour moi en ce moment. Je dois donc renoncer à mon voyage de Munich.

— J'en suis très-mortifié !

— Et moi donc ; mais il ne faut pas que cela nous empêche de passer gaiement la journée !

— Eh bien, ces dames dont vous m'aviez parlé ?

— Je les ai vues... et j'ai obtenu la faveur de vous présenter...

— Oh ! c'est bien aimable cela...

— De plus... nous dînerons chez elle... c'est convenu... nous allons porter un pâté de foie gras... quelques pâtisseries... des fioles de champagne... et nous serons les bienvenusss !...

— Quoi vraiment ! nous dînerons chez elles... je ne me sens pas de joie...

— Après cela, mon cher, je vais vous dire quelles sont ces princesses, car enfin je ne veux pas vous abuser... vous concevez bien que je ne vous mène pas aussi lestement chez des duchesses... il s'agit tout bonnement de deux actrices de cette ville, mais cantatrices à roulades du premier théâtre... Nous autres, gens de l'ancienne cour, nous avons toujours aimé les actrices... Beaucoup de mes pareils se sont même ruinés pour ces dames... c'est bon genre... c'est Régence... mais vous n'aimez peut-être pas les femmes de théâtre ?

— Pardonnez-moi... je les adore au contraire... je les adore d'autant plus que je n'en ai jamais connu... mais connaître une actrice, c'était mon rêve... c'était ma chimère... je ne suis allé que fort peu au spectacle, parce que chez M. Moulinard, il y avait presque toujours de la besogne pour le soir... mais lorsque, par hasard, je me suis permis l'Opéra... ah ! monsieur le marquis ! j'en revenais comme électrisé... pendant quinze jours, je ne dormais pas... je voyais toujours les danseuses faire leurs pirouettes... j'étais fasciné, je voulais me faire faire un maillot. Et nous allons dîner avec deux actrices...

— Oui, mon cher ami.

— Je ne vous demande pas si elles sont jolies, les femmes de théâtre le sont toujours !

— Hum ! aux lumières, c'est possible ! Mais il y en a qui perdent considérablement au grand jour... il n'en est pas ainsi des deux virtuoses chez qui je vous mène... elles ne perdent rien, au contraire... elles gagnent à être vues de près !...

— Ce sont des virtuoses... dansent-elles ?

— Non... elles chantent... je crois pourtant qu'elles dansent aussi un peu... Voilà un pâtissier très-renommé, il faut y prendre un pâté.

M. de Fortensac entre avec Taquinet dans la boutique d'un pâtissier ; il fait l'achat d'un pâté et d'une ample provision de friandises.

C'est Taquinet qui paye, ce qu'il fait avec le plus vif empressement. Le marquis a laissé l'adresse et recommande au pâtissier d'envoyer sur-le-champ ce que l'on vient de choisir.

On en fait autant chez un marchand de vins fins.

Puis on se remet en route.

Au détour d'une rue, le compagnon de Taquinet est tout à coup accosté par un monsieur à perruque mal poudrée et assez mesquinement couvert, qui s'écrie :

— Eh ! par Jupiter ! je ne me trompe pas... c'est Floridor !... c'est notre beau Floridor que je revois... Ah ! tu es donc revenu à Strasbourique, toi ? je dis Strasbourique parce que j'ai à me plaindre de cette ville.

Cette rencontre ne paraît faire qu'un médiocre plaisir au compagnon de Taquinet, qui cherche à se débarrasser bien vite de l'importun, en lui répondant :

— Bonjour, mon cher... bonjour... pardon si je ne m'arrête pas... nous sommes pressés...

Mais le monsieur mal poudré, sans avoir l'air de faire attention à ce que lui a répondu le marquis, se place devant lui en reprenant :

— Ah ! mon pauvre Floridor... si tu savais comment on s'est conduit avec moi !... je te plains !... si tu savais comment on s'est conduit avec moi !... quels Midas ! mon cher, quels Midas !...

Le marquis se penche vers Taquinet en lui disant à l'oreille : C'est un père de famille... d'une famille très-noble... nous avons joué ensemble à la bouillotte... dans un cercle, il a perdu beaucoup d'argent... cela le rend furieux contre les membres du cercle...

Puis Fortensac reprend tout haut :

— Mon cher père noble, je suis fâché de ne pas pouvoir entendre tes doléances aujourd'hui... mais je t'ai dit que nous étions pressés monsieur et moi...

— Eh ! par Neptune !... on a toujours bien un moment à donner à un ancien camarade !... car enfin tu es mon camarade, marquis !... je te dis marquis par habitude... de même que tu m'appelles père noble, toi...

— Oui ! oui, très-bien, sandious ! nous avons le droit de porter ces titres... on ne peut pas nous les disputer... Au revoir...

— Écoute donc, Floridor !... Tu sauras que j'aurais pu rejouer demain pour remplacer Leconte, si j'avais eu une perruque... mais ces gredins-là prétendent que je ne peux pas porter l'habit brodé et l'épée avec ce vieux gazon que j'ai sur la tête... malheureusement je n'en ai pas d'autre... aurais-tu par hasard une perruque à me prêter, toi... par Vulcain ! tu me rendrais un fameux service... tu sais que je t'ai prêté une culotte de satin, à toi... un soir... à Bordeaux, et même tu me l'as fait craquer... tu me l'as rendue en loques...

— Oui... oui... père noble... je te prêterai une perruque... six si tu veux... je t'en enverrai de toutes les formes... mais pour Dieu ! ne nous retiens pas davantage... au revoir...

— Mais tu ne sais pas mon adresse...

— Si fait ! si fait ! est-ce que tu n'es pas connu ?

— Mais c'est que je n'ai pas de logis pour le moment... je couche tantôt chez l'un, tantôt chez l'autre... et c'est grand, Strasbourique !

Ces dernières paroles ne sont plus entendues par Taquinet et Fortensac ; car celui-ci a pris le bras de son compagnon, et pour le faire marcher plus vite, l'enlève et l'emporte quelquefois pendant plusieurs pas.

Lorsqu'ils ont enfin laissé loin derrière eux le monsieur mal poudré, le marquis repose Taquinet à terre et ralentit sa marche en s'écriant :

— Ce vieux père noble est vraiment insupportable !... parce qu'il s'est ruiné au jeu, et qu'il n'a pas de quoi s'acheter des perruques, est-ce ma faute à moi ?... j'aime à obliger, c'est vrai... mais je déteste les joueurs... parce qu'il m'a prêté une culotte de satin à Bordeaux, un soir, pour aller au bal... voilà une belle vétille !...

— Il a dit que vous la lui aviez rendue en loques...

— Je m'en fiche pas mal !... pardieu, c'était un bal superbe... j'ai gavotté toute la nuit... je m'inquiète peu de sa culotte... si je comptais tout ce que je lui ai prêté, moi ! mais ces choses-là, je les oublie...

— Quel est donc ce comte qu'il voudrait remplacer ?

— C'est un comte... qui vient de rentrer dans ses biens : vous concevez que, se retrouvant possesseur d'une fortune immense, le comte n'a plus envie de jouer!... On avait apparemment besoin d'un quatrième pour former une partie... et ce vieux père noble voulait y aller.

— On tient donc beaucoup à la toilette dans cette réunion-là, il a parlé d'habit brodé et d'épée?

— Oh! essentiellement... c'est tout ce qu'il y a de mieux dans la ville.

— Pourquoi donc vous appelle-t-il Floridor, ce monsieur?

— C'est mon petit nom... nous autres ci-devant nous avions un petit nom... Vous concevez que lorsqu'on veut rire, faire des folies, on doit cacher ses titres... cela impose trop... cela gêne les femmes dans leurs expressions... Et tenez, les deux virtuoses chez qui je vous conduis ne m'appellent aussi qué Floridor... Auprès d'elles, j'ai toujours gardé l'incognito...

— Votre vieux noble a une drôle d'habitude de jurer toujours par les dieux de la mythologie.

— Eh! sandis, cela prouve qu'il connaît ses auteurs grecs... si vous aviez joué, je veux dire si vous aviez lu les pièces d'*Aristophane*, vous verriez que les personnages emploient souvent ce langage. Mais nous voici chez nos déesses... oublions mon vieux camarade du cercle, et soyons galants jusqu'au bout des doigts.

Fortensac fait entrer le petit bossu dans une maison d'assez médiocre apparence, on monte deux étages, on entend rire, chanter, faire des roulades.

— Nos dames s'exercent, à ce que je vois, dit Fortensac, tandis que Taquinet jette un coup d'œil sur sa personne, brosse sa culotte avec son coude, rarrange sa cravate, s'assure que sa queue est à sa place, qu'elle pend bien sur son dos, et tâche de se redresser, ce qui n'aboutit qu'à lui faire relever la tête, qui semble alors avoir sa bosse pour collet.

Le marquis a sonné, puis tourné la clef qui est sur la porte; il entre en tirant Taquinet après lui. Ces messieurs traversent une petite pièce où l'on aperçoit pour tout meuble deux ou trois savates et quelques vieux chaussons de bal qui courent les uns après les autres.

Mais, dans la pièce suivante, qui est ornée d'un vieux meuble en velours d'Utrecht jaune, et qui sert à la fois de salon et de chambre à coucher, une jeune femme blonde, qui a dû être assez gentille, mais dont la figure fatiguée annonce un grand excès de beaucoup de choses, est assise devant une vieille épinette, d'où elle tire des accords rarement parfaits; tandis que devant la glace de la cheminée, une grosse commère d'une trentaine d'années, vêtue d'un simple peignoir, achève de se coiffer et de se mettre du rouge et des mouches tout en s'arrêtant par moment pour faire des mines et étudier dans la glace des poses et des sourires.

— Ah! voilà Floridor!... s'écrie la blonde, tandis que sa compagne répond sans se déranger:

— Oh! que je l'aime ce gros marquis... voilà un garçon qui est aimable... il vient déjeuner avec ses anciennes cama...

M. de Fortensac, qui se trouvait alors tout près de la grosse mère, lui flanque un coup de coude dans les épaules, ce qui lui coupe la parole, et s'écrie:

— Mesdames, permettez-moi de vous présenter mon compagnon de voyage, monsieur de Taquinet, et veuillez bien reporter sur lui un peu des bontés dont vous daignez m'honorer.

Puis, se tournant vers Taquinet, il lui désigne tour à tour la blonde et la grosse, en lui disant:

— La *signora Carlina*, la *signora Tartina*.

La jeune blonde se lève et fait un profond salut au petit bossu, tandis que mademoiselle Tartina se retourne, en disant:

— Comment donc... mais nous aurons une foule de bontés pour monsieur... D'ailleurs, comme dit c't'autre: les amis de nos amis sont nos amis...

— Tu es bête comme un pot! murmure Fortensac à l'oreille de la grosse chanteuse. Jé t'ai soufflé ton rôle, et tu pataugés déjà... taistoi! ou fais attention, sandis.

Taquinet n'a rien entendu de cet *aparté*, il est encore abasourdi par le plaisir de se trouver chez des actrices, et quoique ce qui l'entoure soit peu propre à entretenir des illusions, il voit tout en beau, tout en rose; la blonde avec ses yeux cernés, ses traits tirés, ses lèvres décolorées, lui paraît une sylphide, ou tout au moins une nymphe. La grosse, qui est tatoué de rouge et de mouches, lui semble une soubrette des plus agaçantes; il balbutie quelques compliments et ne sait trop comment en sortir; ce qui fort heureusement ne lui permet pas de voir que l'une de ces demoiselles lui fait des grimaces et lui tire la langue, tandis que l'autre se mord les lèvres pour ne point lui rire au nez. Tout à coup Fortensac s'écrie:

— Voyons, capédébious! il ne s'agit point ici de compliments et de cérémonies; mon ami n'a que peu de temps à passer près de vous. Nous venons vous demander à déjeuner, mesdames... et tenez, j'entends nos provisions qui arrivent!

— Des provisions! Oh! comme j'en suis! Oh! comme je vais y faire honneur! s'écrie la grosse Tartina... Ce diable de Floridor connaît mon faible... il sait que je suis gourmande... Te rappelles-tu dans cette pièce où il y avait ton fromage à la crème... Je ne me suis jamais fait doubler!... et je chipais toujours ta part pendant que tu chantais ta ronde de table!...

Fortensac n'a pas eu l'air d'entendre, mais il donne un grand coup de pied dans les jambes de Tartina. La blonde, qui a jugé convenable de faire sur-le-champ de l'œil avec le petit bossu, lui présente sa main, en lui disant:

— Voulez-vous nous aider à mettre le couvert... nous avons renvoyé notre femme de chambre hier... elle nous volait comme dans un bois...

— Comment donc! belle dame!... s'écrie Taquinet, mais je suis trop heureux de pouvoir me rendre utile... Disposez de moi... Adorable Carlina. Je vais mettre le couvert... je mettrai tout ce qui vous fera plaisir...

— Ah! monsieur de Taquinet... C'est bien aimable à monsieur le marquis de nous avoir fait faire votre connaissance...

— C'est moi, charmante Carlina, qui lui dois une éternelle reconnaissance...

Et le petit bossu baise une main qu'on lui a fourrée sous le nez, pour lui faire comprendre l'usage qu'il en doit faire.

— Pas mal! pas mal! dit Fortensac en donnant un petit coup sur la bosse de son ami. Il me semble que nous allons assez gaillardement...

— Tiens! ils en sont déjà à se caresser! s'écrie la grosse Tartina. Eh bien, ça promet! qu'est-ce qu'ils feront donc après le champagne?... Hom!... ces polissons d'hommes, ça n'est pas plus haut que ma jambe et ça fait sa tête!... As-tu fini! biribi!

Fortensac pousse madame Tartina un peu brusquement du côté de l'antichambre. En quelques minutes, le couvert est dressé dans le salon. Taquinet est un peu surpris de voir que des virtuoses mangent avec de l'étain, mais on s'empresse de lui dire que la femme de chambre a emporté toute l'argenterie.

On se met à table; Taquinet, déjà tout troublé par les œillades assassines que la tendre Carlina lui jette, ne sait plus où il en est, lorsque, après deux ou trois rasades, cette demoiselle passe familièrement une de ses jambes autour de la sienne qu'elle enlace amoureusement.

— Nom d'un petit bonhomme!... se dit Taquinet, cette femme-là en tient pour moi... en vérité, comme elle sait que nous avons peu de temps à passer ici, elle se déclare tout de suite... Vivent les femmes de théâtre! avec elles on sait sur-le-champ à quoi s'en tenir... Elle fait le serpent avec sa jambe... c'est bigrement énergique.

Pendant les premiers moments du déjeuner, Fortensac et la grosse Tartina sont trop occupés à manger pour trouver le temps de parler; mais lorsque leur appétit commence à se calmer, lorsque le vin échauffe les têtes, la conversation devient très-animée.

— C'est bien dommage que vous partiez ce soir pour Munich, dit le marquis, le temps passe si gaiement près de ces dames.

— Tu n'es donc pas engagé ici, beau Floridor? dit Tartina en tapan sur son verre de champagne pour le faire mousser.

— Jé suis toujours engagé dans vos fers, répond Fortensac en faisant une paire d'yeux à la grosse fille.

— Ah! oui! répond Tartina en ricanant, c'est dans mes fers... c'est ce que je voulais dire... Est-ce que monsieur ton ami se destine au théâtre! avec elles on sait sur-le-champ à quoi s'en tenir... Je louerai une loge le jour de son début!...

— Non, madame, je ne me destine pas au théâtre, répond Taquinet, mon emploi y serait trop borné; en jouant avec vous, je ne saurais faire que les amoureux!...

— Ah! charmant, ravissant! dit Carlina en se cramponnant de plus belle à la jambe de son voisin.

— Il pourrait faire aussi les chameaux! murmure Tartina en se cachant la tête derrière sa serviette pour rire à son aise.

— Te tairas-tu, maudite rieuse? dit Fortensac en se penchant vers l'oreille de la grosse chanteuse.

— Ah ! tant pis... il faut que je rie... sans quoi je ne sais pas ce qui m'arriverait... ma gaieté s'évaporerait autrement ; faut-il que Carlina ait de l'habitude pour garder son sérieux devant ce petit polichinelle qui ne lui va qu'au coude...

— Mais Tartenpion ne vient pas... est-ce qu'il aurait oublié...

— Non, non, sois tranquille, il va venir... il se frise les moustaches dans quelque coin... il prépare son entrée, il veut faire de l'effet.

Pendant que cette conversation avait lieu, le petit bossu, devenu brûlant par le contact de cette jambe qui enlaçait la sienne, avait passé un de ses bras derrière la taille de Carlina et se permettait de la presser, en disant à l'oreille de la blonde :

— Sapristi, jolie virtuose, je devais partir pour Munich ce soir... mais dites un mot... et je passe cette nuit à Strasbourg... parole d'honneur, j'en suis capable... je me sens disposé à faire mille folies avec vous... ça vous va-t-il... dites que vous y consentez...

— Ah! monsieur de Taquinet !... que vous êtes insinuant! vous abusez de l'empire que vous exercez avec vos yeux !...

— Eh bien, oui, je veux en abuser, cré nom d'un petit bonhomme !... Ah ! qu'est-ce qui me tire par derrière...

C'était Tartina qui venait de prendre la longue queue du petit homme, et la lui tirait en riant comme une folle et en disant:

— Qu'est-ce que vous faites donc de ça, cher ami,... est-ce pour faire des conquêtes que vous l'avez si longue... Si j'étais votre maîtresse, je ne vous tiendrais jamais que par là quand je sortirais avec vous, et je vous ferais marcher devant moi comme un carlin.

Taquinet ne sait trop que répondre lorsqu'un nouveau personnage se présente brusquement devant la joyeuse réunion.

XV.

MILORD TAPSIFORT.

Celui qui vient d'entrer est un homme de quarante ans, long et mince comme une asperge, bien qu'il ait une espèce de pantalon à la turque qui fait des plis tout autour de son corps, et trois gilets les uns sur les autres, plus un habit et une houppelande : sa figure est d'un sérieux qui frise le comique ; il a de grosses moustaches et trois chaînes de montre, ornées d'une innombrable quantité de breloques, flottant sur son pantalon, qui ressemble à un étalage de bimbeloteries.

Ce personnage s'avance vers la table en faisant de gros yeux à Carlina, qui fait semblant de se troubler et s'écrie :

— Ah ! mon Dieu, c'est milord Tapsifort...

— Et qu'est-ce que c'est que milord Tapsifort ? demande tout bas Taquinet.

— Mais c'est... c'est... vous devez bien deviner... mon protecteur... celui auquel je dois le luxe qui m'entoure.

Le petit bossu aurait pu demander en quoi consistait ce luxe dont Carlina se vantait, mais en ce moment les gros yeux du monsieur qui viennent se fixer sur lui lui causent un malaise qui ne lui donne pas le loisir de répondre.

— Diable, nom d'un chien ! il paraît qu'on s'amuse... qu'on s'empiffre ici, que je fais le pied de grue à la porte du théâtre, moi ! s'écrie le monsieur avec une voix de basse-taille, en faisant ronfler les r de manière à imiter le roulement du tambour. C'est gentil... c'est aimable... Carlina, est-ce que vous vous... fichez de votre milord ! rrrr !..

— Ah! mon Dieu... pardon... j'avais tout à fait oublié que vous m'attendiez ! répond Carlina d'un air ému... c'est la faute de Tartina, qui avait invité ces messieurs à déjeuner... excusez-moi, milord...

— Mais oui ! mais oui ! dit Tartina en se détournant pour ne pas rire au nez du nouveau venu. C'est moi qui avais invité notre cher Floridor... et monsieur de Taquinet, son illustre ami. Asseyez-vous donc, lord Tapsifort, vous boirez bien un coup avec nous.

Le monsieur à moustaches se hâte de se placer à table, et commence par boire, non pas un coup, mais trois de suite. Pendant ce temps, Taquinet a cherché à dégager sa jambe de celle de la blonde, mais au premier mouvement qu'il fait pour s'éloigner, madame Carlina se cramponne plus fortement à lui.

— Bigre ! cette femme-là est trop amoureuse ! se dit le ci-devant clerc, elle va me compromettre... son milord a l'air bien méchant... il me fait de vilains yeux.

— Nous sommes enchantés de nous trouver avec milord Tapsifort ! dit Fortensac ; nous repartons ce soir, mon ami et moi, pour Munich. J'étais bien aise de renouveler connaissance avec nos charmantes virtuoses... Mon ami est fort amateur de chant, il avait entendu vanter le talent de ces dames et brûlait de les connaître.

— Oui, en effet ! dit l'homme à moustaches, en attachant de nouveau ses regards sur le petit bossu. Je crois que monsieur est amateurrr !.. mais ce n'est pas seulement de roulades... Oh !.. je le parierais... Ah ! mais sacredié, c'est qu'on ne m'en fait pas accroire à moi ! je ne suis pas un jobard, je devine ce qu'on voudrait me cacherrrr !...

Taquinet fait de nouveaux efforts pour détacher sa jambe et s'éloigner de la blonde Carlina qui pose sa main sur son cœur, comme si elle craignait qu'il ne voulût s'échapper de son corset, et répond d'une voix entrecoupée :

— Milord, je ne sais pas ce que vous voulez dire... je suis innocente !.. mais vous me rendez bien malheureuse avec votre jalousie !... Ah ! Dieu ! ah ! Dieu !.. ah ! Dieu !

— Voyons, Carlina !.. ne te laisse pas aller comme cela à tes nerfs ! dit mademoiselle Tartina en se fourrant trois macarons à la fois dans la bouche. Moi je me demande à rire, à chanter, à roucouler... nous étions si gais tout à l'heure... n'est-ce pas marquis de chose... marquis de la craque... non... de Fortensac.

— Jé suissss dé votre avis, belle Tartina, nous étions fort aimables, il n'y a qu'un moment, et jé né pense pas que la présence de milord doive gêner notre hilarité... n'est-il pas vrai, mon bon ami Taquinette ?

— Moi, balbutie le bossu en regardant son assiette pour éviter les gros yeux du long monsieur... moi... je fais ce qu'on veut... ça m'est égal... je mange de tout... je prends aussi du café... ou je n'en prends pas.

— Oui, je crois que vous prenez une foule de choses, répond le soi-disant milord en se baissant tout à coup pour regarder sous la serviette qui sert de nappe. Taquinet parvient alors, par un effort désespéré, à ravoir sa jambe qu'on enlaçait si amoureusement, mais dans ce mouvement, il envoie brusquement son pied dans le nez que ce monsieur vient de fourrer sous la table.

— Aye... nom d'une pipe, vous m'avez crevé l'œil ! s'écrie lord Tapsifort en se relevant et en montrant son nez meurtri. Mais fichtre, monsieur, savez-vous que vous m'avez envoyé votre botte dans la figure.

— Je suis désespéré de cet accident, je vous jure que c'est sans intention, balbutie Taquinet.

— Eh ! cadédiou, mon cher ami, vous n'avez pas besoin dé vous disculper ! dit Fortensac en fronçant les sourcils et en regardant le monsieur à moustaches, d'un air rogue. Si monsieur n'avait pas été mettre son visage sous la table, cet accident ne lui serait pas arrivé... qu'avait-il besoin d'aller fourrer son nez par là ?... D'abord, c'est très-indiscret ; on né doit jamais, dans une société honnête, chercher à savoir ce qui se passe sous la table ! cé sont dés mystères qui ne doivent point dépasser les genoux !...

— J'ai fait ce que j'ai voulu, sacrrrebleu ! j'avais mes raisons pour regarder par là... du reste, je ne vous parle pas à vous... tonnerrrre ! c'est à ce petit monsieur que j'ai affaire... c'est avec lui que je veux avoir une explication... Je l'ai trouvé beaucoup trop près de Carlina en entrant ici... il avait l'air d'être dans sa poche... et je vois bien les yeux que mademoiselle lui fait... Ah mais, bigrrrre ! je n'entends pas qu'on marche sur mes brisées.

— Mon Dieu, milord... vous allez donc encore me faire une scène... je ne peux donc plus regarder un joli homme sans que cela vous offense... Monsieur ne m'a pas dit un mot plus bas que l'autre, je vous le jure... n'est-ce pas, monsieur ?

— Moi, madame, je n'ai rien dit du tout... je ne me rappelle pas vous avoir dit la moindre des choses !...

Et Taquinet s'éloignait de la blonde de manière à se fourrer presque dans les jupons de mademoiselle Tartina, qui le repousse en disant :

— Tenez-vous donc tranquille, faux bel homme !... restez à votre place. Est-ce que milord vous fait peur !... il ne vous mangera pas, vous avez trop d'os !... Voyons, messieurs, chantons un peu... Voulez-vous l'air de *Zémire et Azor* : *Du moment qu'on aime on devient si doux !*... Te souviens-tu, Floridor, comme on t'a sifflé quand tu as chanté cet air-là... à ton début... dans...

Fortensac donne un grand coup de coude dans les hanches de sa voisine en s'écriant :

— Ah ! oui, dans ce concert d'amateurs... je débutais au piano... A votre santé, *prima donna* !... trinquons... Et bien, mon cher Taquinet, est-ce que vous né buvez plusss.

— Si fait, pardonnez-moi... c'est mon verre que je ne trouve plus.

Dans son trouble, Taquinet prend le premier verre qu'il voit devant lui et le vide d'un trait pour se donner de l'aplomb ; mais à peine a-t-il ingurgité son champagne que le monsieur à moustaches donne sur la table un coup de poing qui fait trembler toutes les assiettes, en s'écriant :

— Ah ! je vous y prends... Ah ! crénom d'un pétard, ceci est trop fort : vous buvez dans son verre... vous venez d'y boire devant moi.

— Dans le verre de qui ?

— Et corrrbleu, de ma perfide... de mon infidèle. Ah ! on en est là... à siroter dans les verres des uns et des autres !

— Monsieur le lord, je ne sais pas si... j'ai pu me tromper... le verre était devant mon assiette.

— Fichez-moi la paix. Carlina me trahit pour vous, mais nous allons en découdre, mon petit monsieur...

— En découdre... qu'est-ce que vous entendez par là.

— J'entends que j'ai toujours sur moi une paire de pistolets, et que nous allons descendre dans le jardin nous brûler la cervelle : oh ! ce ne sera pas long.

Taquinet ne voudrait pas se batttre même avec une badine, devient blême, et ne se sent plus la force d'articuler. Mademoiselle Carlina fait semblant de se trouver mal après avoir eu la précaution de choisir une pose gracieuse ; Tartina lui fourre sous le nez un biscuit qu'elle vient de tremper dans du champagne. Mais, Fortensac, se levant tout à coup, va se placer devant le petit bossu, en s'écriant :

— Non, sandis, vous né vous battrez pas, mon cher, je ne veux pas que vous vous battiez... c'est moi qui vous ai conduit ici, cé n'est pas pour qu'il vous y arrive malheur.

Taquinet, qui n'avait pas le moindre envie de se battre, serre avec transport la main du marquis ; mais lord Tapsifort vient à son tour de quitter la table et s'avance vers ces messieurs en grommelant.

— De quoi vous mêlez-vous, monsieur le marquis... corbleu, laissez-moi vider ma querelle avec votre ami.

— Jé vous dis qué cé n'est pas à lui, mais que c'est à moi qué vous aurez affaire, monsieur le matamore !

— Ah ! savez-vous que vous commencez à m'échauffer les oreilles ?

— Jé mé fiche de vos oreilles... je vous les couperai si vous dites un mot de plus à mon ami intime.

— Vous voulez donc vous battre pour lui ?

— Quand on l'outrage, c'est à moi qué l'on a affaire.

— Ça m'est égal, nom d'un chien ! je vais commencer par vous... mais ensuite, ce sera le tour de ce petit séducteurrrr !

— Oh ! quand vous sortirez dé mes mains, vous né grognerez plusss !

La dispute s'échauffant entre ces deux messieurs, on entendait un roulement continuel d's et de r qui donnait à leur querelle comme un accompagnement de basse et de sifflet, mais Taquinet était trop ému pour bien entendre.

Tout d'un coup, il voit le monsieur à moustaches tirer de sa poche deuxénormes pistolets ; alors, s'imaginant que c'est lui qu'on veut tuer, il court se blottir sous la table ; à son grand étonnement, l'Anglais et le marquis quittent aussitôt l'appartement.

— Eh bien, mon brave !... mon petit César ! qu'est-ce que vous faites donc là-dessous ! dit mademoiselle Tartina en poussant Taquinet avec son pied pour le faire sortir de sa cachette, ce que celui-ci ne fait qu'à regret, et en disant :

— Votre vilain Anglais est-il bien parti... Ah ! bigre, cet homme-là aure comme un corsaire !... C'est que je ne veux pas me battre, moi.

— Mais vous n'avez plus rien à craindre, puisque Floridor est allé se battre pour vous.

— Bah ! qu'est-ce que vous dites... quoi... M. de Fortensac...

— Eh ! certainement, il est sorti avec milord Tapetoujours... ils sont allés se battre au pistolet dans le jardin de la maison...

— Il serait possible...

— Ah ! monsieur ! vous avez là un ami bien dévoué, bien généreux, dit Carlina en poussant un gros soupir.

— Venez... de cette fenêtre qui donne sur le jardin, nous pourrons être témoins du duel.

Les deux femmes se sont approchées d'une fenêtre d'où l'on aperçoit en effet un assez vaste enclos, mal entretenu, dans lequel sont quelques arbres rabougris et un jeu de boule désert en ce moment.

Taquinet ose à peine se placer derrière les deux amies, il n'avance la tête qu'avec précaution.

Cependant bientôt on aperçoit le beau Fortensac et son adversaire qui viennent se placer juste en face des fenêtres.

Ils tiennent chacun un pistolet à la main.

— Ah ! mon Dieu ! ils vont donc vraiment se battre ? dit Taquinet désolé ; mais il faut appeler la garde, la maréchaussée !...

— Bon !... il serait trop tard ! dit Tartina ; d'ailleurs, puisque c'est leur idée... il faut les laisser faire...

— Et former des vœux pour votre ami, murmure Carlina.

Taquinet se soutient à peine. Cette scène le bouleverse, et il ne comprend pas qu'en ce moment la grosse Tartina continue de manger des macarons et de boire du champagne.

Cependant les deux adversaires se sont éloignés l'un de l'autre.

Ils se placent à une distance de quinze pas.

Puis, l'homme à moustaches allonge son bras droit armé de son pistolet et vise Fortensac, qui conserve le plus beau sang-froid et regarde tranquillement les mouches voler.

Taquinet ne respire pas... le coup part. Son compagnon de voyage n'a point bougé, il n'a pas été atteint.

Le petit bossu saute de joie.

Tartina lui met sa main sur la tête, en lui disant :

— Tenez-vous donc tranquille, gamin... c'est milord Tapetropfort qui va la gober !... mais ce pauvre Floridor, il l'a échappé belle...... avez-vous vu ? la balle a traversé son chapeau à trois cornes...

— En vérité, moi... je n'ai rien vu... Ah ! mon Dieu, le voilà qui vise ce vilain monsieur à présent... et l'autre prend du tabac pendant qu'on le vise... D'honneur ! ces hommes-là jouent avec la mort, ils ont un sang-froid qui me passe... Aye !... le coup est parti...

— Et milord est tombé ! s'écrie la grosse Tartina, en faisant une pirouette dans la chambre.

Le monsieur à moustaches, après que son adversaire a eu tiré, s'est livré à une fort belle pantomime : il a fait un saut sur lui-même, étendu les bras, porté les mains à sa tête, à son cœur, là son ventre, comme s'il cherchait l'endroit où il était blessé, puis il s'est assez doucement étalé sur le gazon.

Quant à Taquinet, en voyant tomber lord Tapsifort, il s'est laissé aller sur son derrière, et là il se met à pleurer comme un veau, en murmurant :

— Ah ! crénom d'un nom ! est-ce que ce monsieur serait tué !...

— Il l'est ! il doit l'être ! répond Carlina en se laissant aller dans un fauteuil et en faisant des signes à Tartina pour qu'elle cesse de valser.

— C'est affreux de voir tuer un homme... j'ai bien mal au cœur...

— Tiens, le voilà qui pleure ce petit ami ! dit Tartina en revenant vers Taquinet. Comment ! bel homme, ça vous fait pleurer de voir votre ami vainqueur ? aimeriez-vous mieux que ce fût lui qui eût reçu la dragée ?

— Non... mais... je... ça me trouble... ça me casse bras et jambes... ça me...

Taquinet n'a pas le temps d'achever, son compagnon vient d'entrer dans le salon comme un homme qui serait poursuivi par des assassins.

Il a mis sa cravate en Colin, son grand claque la pointe en avant ; il s'avance d'un air égaré, et se tenant courbé comme s'il avait un lombago, et dit à voix basse.

— Il est mort... j'ai tué mon adversaire... mais lord Tapsifort était d'une famille puissante... et très-lié avec le sous-préfet... je vais être poursuivi... je dois fuir... fuir sur-le-champ avant qu'on m'arrête.

— Oh oui ! fuyez ! murmur Carlina sans quitter son fauteuil ; mais hâtez-vous, car les plus grands dangers vous menacent!... votre tête est peut-être déjà mise à prix!

— Si elle ne l'est pas encore, elle le sera bientôt, et à un très-haut prix, je gage.

— Allez, mes petits héros!... dit Tartina. Floridor, ton duel a été superbe... ce sera ce soir la nouvelle du foyer...

— Eh sandis, je sais fort bien que dans dix minutes ce sera la nouvelle de toute la ville; heureusement, voici l'heure du départ de la voiture pour Munich... je vais partir avec vous...

— Avec moi! s'écrie le petit bossu, vous venez avec moi... Ah! quel bonheur...

— Eh pardieu! vous voyez bien qu'il faut que je me dérobe aux périls qui m'environnent... Allons, mon cher ami, faites vos adieux à ces dames et partons...

— O mesdames... je suis bien désolé d'être obligé de vous quitter si précipitamment, dit Taquinet en allant de la grosse à la maigre, et d'être cause de l'événement qui a eu lieu... mais si je repasse par Strasbourg, j'espère...

— Oui, oui, dit Tartina en poussant le petit bossu vers la porte, et nous aussi, nous espérons bien vous revoir... mais sauvez-vous donc, vous exposez les jours de Floridor...

— Adieu, ravissante Carlina!

— Adieu! monsieur Taquinet.

Et le petit bossu, tiré par Fortensac et poussé par Tartina, quitte la demeure des virtuoses, en se disant:

— Sapristi! c'est égal, il m'arrive toujours des aventures bien romanesques chez les femmes.

XVI.

MADEMOISELLE EDWIGE CAROTTSMANN. — UN SERVICE D'AMI.

La voiture qui allait à Munich roulait depuis quelque temps, emmenant Taquinet et Fortensac; celui-ci ne paraissait pas encore complètement rassuré. Il poussait des oh! et des ah! en regardant à tout instant en arrière, et à chaque voyageur qui passait à cheval ou à âne, quelquefois même lorsque ce n'était qu'une paysanne, il s'écriait:

— Ah! sandis, je suis perdu! c'est moi que l'on poursuit!... je suis mis à prix!...

Ce n'est qu'après avoir roulé plusieurs lieues que le compagnon du petit bossu semble enfin rassuré. Il dit à ce dernier:

— Voyez, mon cher ami, comme les événements se jouent de nos projets pour l'avenir. Me voilà avec vous me rendant à Munich, lorsque je croyais rester à Strasbourg... Cela ne me contrarie un peu que par rapport aux cent mille francs dans lesquels je devais rentrer. Mais bath!... je les toucherai plus tard. Je vous ai sauvé la vie, c'était le plus important, car entre nous je crois que ce vilain anglais vous aurait tué... je suis bien heureux qu'il m'ait manqué la première fois. Moi, qui percerais une mouche par le milieu! je lui ai donné son compte. Sans quoi il aurait voulu recommencer... Oh! c'était un diable d'homme!

Taquinet prend une main de son compagnon, il la passe dans les siennes, il est un moment tenté de la porter à ses lèvres, en balbutiant:

— Monsieur le marquis, je n'oublierai pas que je vous dois la vie, ce sont de ces choses qu'on ne saurait jamais assez reconnaître.

— Eh mon dieu, mon cher, franchement, j'aime mieux que cela se soit passé ainsi; car si vous m'aviez sauvé la vie, vous, ayant pour habitude de rendre trois fois plus qu'on ne m'a donné, je serais obligé de vous sauver trois fois l'existence, et comme ces occasions-là ne se présentent pas tous les jours, cela m'aurait embarrassé.

A la première halte de la diligence, Fortensac est descendu avec Taquinet pour dîner.

Mais en entrant dans l'auberge, le gascon se tâte, fouille dans chacun de ses goussets, dans toutes ses poches, et s'écrie:

— Ah! triple buse que je suis! je l'ai laissée à Strasbourg!

— Quoi donc?

— Une bourse qui était remplie d'or et mon portefeuille, dans lequel j'avais encore cinq billets de mille...

— Diable! voilà qui est contrariant!

— Eh! que voulez-voussss!... c'est un petit malheur; vous paierez pour moi, voilà tout, et une fois à Munich, j'écrirai pour qu'on m'envoie des fonds... je pense que cet arrangement ne vous déplaît pas...

— Non, sans doute... je suis trop heureux... certainement cela me fait bien plaisir... de vous obliger à mon tour.

Taquinet ne disait pas là ce qu'il pensait.

Il aurait préféré ne pas être obligé de payer pour deux. Mais n'y avait pas moyen de refuser un service à un homme qui lui avait sauvé la vie.

Il sentait que le marquis avait le droit de puiser dans sa bourse d'ailleurs, celui-ci remboursait si largement ses créanciers que ce pouvait être une très-bonne affaire de lui prêter.

Cependant le petit bossu fait ses remarques: depuis que son compagnon n'a plus à s'occuper de sa dépense, il est beaucoup moins sobre et ne se refuse rien.

A chaque halte, M. de Fortensac prétend avoir besoin de prendre quelque chose, et dans une auberge où l'on couche, il commande un souper splendide, quoiqu'ayant déjà fait deux gros repas dans la journée.

— Est-ce que vous soupez? demande Taquinet à son compagnon.

— Rarement! mais aujourd'hui je me sens l'estomac creux... nous avons si mal dîné...

— Il m'avait semblé pourtant que vous aviez mangé de tout.

— Oui, mais tout était mauvais. Est-ce que vous ne soupez point?

— Ce n'est pas mon habitude.

— Il ne faut rien changer à vos habitudes. Je souperai pour nous deux.

Le ci-devant clerc trouve qu'il est fort désagréable de payer un repas auquel on n'a pas touché. Et il se met à table avec Fortensac. Celui-ci mange et boit comme s'il était à jeun depuis la veille. Taquinet fait son possible pour imiter son joyeux compagnon, et il se donne une indigestion.

Toute la nuit le petit bossu est malade, il est obligé de se faire du thé. Il se tient le ventre et fait des contorsions qui ne l'embellissent pas. Tandis que M. le marquis lui dit avec gravité:

— Vous avez eu tort de souper, mon cher, ce n'est point votre habitude!... c'était donc de la gourmandise!... vous voyez où ça vous mène...

— Mais, nom d'un petit bonhomme! vous soupiez bien, vous, qui aviez plus dîné que moi.

— Moi, j'ai fait deux fois le tour du monde, et il n'y a rien qui fortifie l'estomac comme les voyages. Quand vous aurez été quelques années mon compagnon de route, je parie que vous digérerez du rhinocéros.

— Merci, je ne tiens pas à manger de cet animal.

Taquinet commençait à trouver un peu lourd le poids de la reconnaissance, lorsqu'enfin il arrive à Munich avec M. de Fortensac.

Les deux voyageurs vont se loger dans un hôtel de belle apparence. Fortensac prétend qu'il y a toujours économie à aller dans les meilleurs endroits. Taquinet n'est pas précisément de cet avis. Mais n'ose pas contrarier M. le marquis auquel il doit la vie.

Le premier soin du petit bossu est de s'informer de la demeure de son cousin Robinet, le marchand de tabac. Fortensac l'aide dans ses recherches; le Gascon ne le quitte pas plus que son ombre, il ne peut faire un pas dans la ville sans avoir Fortensac à ses côtés. C'est donc avec son ami qu'il se présente chez son cousin.

M. Robinet était un gros homme, qui, de Français, était presque devenu Allemand à force de boire et de fumer. Il rit d'une façon assez inconvenante en apercevant Taquinet, qui s'écrie:

— Me voici, cousin, j'ai suivi tes conseils, je viens me marier, pourquoi ris-tu ainsi?

— Je te croyais plus grand... parole d'honneur! tu me sembles...

petissé... quand on n'a plus l'habitude de te voir, le premier coup d'œil est terrible !...

— Que tu m'ennuies avec ton premier coup d'œil ! le mérite ne se mesure point à la taille...

— C'est juste... mais je ne te croyais pas si petit ! Quel est ce monsieur qui t'accompagne... à la bonne heure, voilà un bel homme...

— C'est M. le marquis de Fortensac... un ci-devant !... qui m'a sauvé la vie...

— Tiens !... drôle d'idée que tu as eue d'amener un bel homme avec toi !...

Fortensac s'incline devant M. Robinet en disant :

— Jé suisss heureux d'avoir rendu cé léger service à votré cousin, car depuis cé temps, nous sommes intimes, comme les deux doigts de la main ; nous né nous quittons plus ! c'est Castor, jé suis Pollux !

M. Robinet salue Fortensac, en murmurant, de nouveau :

— Fichtre !... voilà ce qui s'appelle un bel homme... mais, mon pauvre Taquinet, tu as l'air encore plus petit auprès de monsieur..... cela peut te nuire.

— Finis-en donc avec tes longueurs.... Est-ce qu'on prend un homme à l'aune..... comme un ruban ?

— Quelquefois...

— Et la demoiselle Carottsmann, quand pourrai-je la voir ?

— Quand tu voudras ; elle attend ton arrivée avec impatience... elle est folle des Français !

— Bon, tant mieux... et l'as-tu prévenue que j'étais un peu... voûté ?

— Oui, je lui ai dit que tu n'étais pas le dieu Mars pour la beauté, elle m'a répondu : Il y a des laideurs très-agréables... cela doit te donner de l'espoir. Voilà son adresse... tâche de te faire beau, et présente-toi chez elle ; ensuite, ma foi ! le reste te regarde.

— C'est entendu. Très-bien : je vais mettre une cravate blanche, me faire coiffer, pommader, crêper sur les côtés, et je me présente chez mademoiselle Edwige Carottsmann. Au revoir, mon cousin Robinet.

— Bonne chance, mon petit Taquinet. Ce serait pour toi une bonne affaire. Il y a quatre-vingt mille francs au moins, peut-être plus, sacremann ! C'est dommage que tu n'aies pas pu mettre des échasses ! enfin ! on ne sait pas !... les femmes sont si bizarres parfois ! et celle-ci, n'ayant plus ses parents, est absolument maîtresse d'épouser qui elle voudra.

— Mon cousin est très-embêtant ! dit Taquinet en s'en revenant à son hôtel avec son inséparable. Mais puisque cette demoiselle est prévenue, j'aime à croire que ma vue ne produira pas sur elle un effet fâcheux.

— Eh ! ne craignez donc rien ! répond Fortensac, jé suis persuadé, moi, qué vous allez au contraire donner dans l'œil à sa demoiselle, et qu'elle va sé pâmer en vous voyant.

Le petit bossu n'est pas précisément persuadé qu'il fera pâmer mademoiselle Carottsmann, mais pour dissimuler autant que possible ses imperfections, en rentrant à son hôtel, il demande tout de suite un coiffeur et un valet pour l'habiller, puis il court dans sa chambre commencer sa toilette, en disant au revoir à Fortensac, qui, de son côté, va aussi s'enfermer dans la pièce qu'il occupe en face de son cher ami.

Taquinet a fait cirer ses bottes à talons, qui le grandissent un peu ; il a mis du linge blanc, s'est brossé avec soin, et fait à sa cravate blanche une rosette d'une fort belle dimension.

Tous ces détails terminés, il n'attend plus que le coiffeur, mais celui-ci n'arrive pas.

Taquinet sonne, un valet se présente.

— J'ai demandé le coiffeur, pourquoi ne vient-il pas ?

— Il est arrivé, monsieur, mais c'est qu'apparemment il n'a pas fini de coiffer monsieur votre ami, qui l'attendait aussi, et l'a saisi au passage.

— Ah ! M. de Fortensac se fait également coiffer... tiens, il va donc aussi faire quelque visite... il ne m'en avait pas parlé ! attendons alors... c'est désagréable, moi qui suis pressé, et puis Fortensac est à la Titus et ne porte point de poudre... Je ne vois pas trop comment il peut avoir besoin d'un coiffeur.

Le coiffeur attendu arrive enfin.

Taquinet lui abandonne sa tête, en lui disant :

— Vous voyez mon genre de figure... bichonnez-moi comme vous voudrez...

— Est-ce que monsieur ne veut pas de poudre ?

— Je n'en mettais plus depuis longtemps.

— Avec une queue, cela va beaucoup mieux, c'est bien plus habillé, bien plus élégant.

— Alors mettez-moi de la poudre. Tâchez de me faire séduisant... ce sera difficile... mais essayez...

En attendant soyez calme, voici le reçu du général.

— Reposez-vous-en sur moi, monsieur, vous serez magnifique.

Le coiffeur était un homme qui aimait son état, et par conséquent adorait la poudre ; car ceux qui en mettaient dans leurs cheveux étaient obligés de se faire coiffer tous les jours. La poudre demandait les plus grands soins, la plus extrême propreté ; c'était une mode dispendieuse ; aussi sous le Consulat on y avait déjà presque entièrement renoncé. Cependant quelques partisans de l'ancien régime en portaient encore et conservaient la queue, tout en supprimant les ailes de pigeon ; enfin, parmi les hommes qui s'étaient fait couper les cheveux à la Titus, il y en avait aussi qui, malgré cela, mettaient de la poudre.

Heureux de posséder sous sa main une tête pourvue d'une longue queue, le coiffeur se livre à des excès de crêpé qui aboutissent à une coiffure en pain de sucre se terminant par la queue en salsifis ; le tout pommadé et poudré à blanc, de manière à faire honte à un tas de neige.

Lorsqu'il est coiffé, Taquinet va se regarder dans une glace, et il reste tout saisi : il ne se reconnaît pas.

Dans le premier moment il ne sait pas s'il doit être content de sa nouvelle physionomie, mais l'artiste lui fait remarquer que ses cheveux crêpés en pointe le grandissent au moins de quatre pouces.

Cette dernière considération emporte la balance. Taquinet est enchanté de sa coiffure.

Mais comment se décider à mettre un ignoble chapeau rond sur ce cône poudré qui menace le ciel ?

— Je tiendrai mon chapeau à la main, se dit Taquinet, je ne le mettrai qu'en sortant de chez mademoiselle Carottsmann, parce qu'alors tout l'effet de ma coiffure sera produit.

Le petit bossu a pris son chapeau et des gants qu'il a envoyé chercher.

Il va descendre l'escalier, lorsqu'il se trouve face à face avec Fortensac. Celui-ci était coiffé sans poudre, mais il s'était fait boucler et friser avec profusion. Ses bottes à revers, attachées au moyen d'un ruban noir qui lui serrait le dessous du genou, ne tombaient plus sur ses talons. Enfin, il avait un habit orné d'une garniture de boutons d'acier, taillés à facettes, ce qui était très-brillant de loin.

Quant à l'habit, que Fortensac portait toujours boutonné, il était encore pareil aux précédents : même couleur, même collet en velours, même état de services.

— Me voilà, cher ami, dit Fortensac en se posant avec une certaine prétention devant Taquinet. J'avais peur de vous faire attendre... mais je vois que tout est pour le mieux et nous pouvons partir.

— Comment partir ?... Et où donc allez-vous ? demande le petit bossu.

— Où je vais ?!... Pardieu ! avec vous chez mademoiselle Carottsmann... Est-ce que j'ai l'habitude de vous quitter, mon bon ; vous savez bien que je vous dois en tous lieux aide et protection !...

Taquinet n'est pas enchanté de voir que son cher ami veut aussi l'accompagner chez mademoiselle Carottsmann ; il aurait préféré se présenter seul, quelque chose lui dit que la société du Gascon ne lui sera pas avantageuse. Il n'ose refuser de le mener avec lui, mais il balbutie :

— Il ne faudrait cependant pas vous gêner, monsieur le marquis, et si vous aviez quelque chose d'autre à faire... j'irai très-bien sans vous chez... la personne en question.

— Vous ne me connaissez pas, mon bon ; j'aurais les affaires les plus importantes que je vous les sacrifierais !... j'ai juré de vous aider de mon bras et de mes conseils... *consilio manu que*... Je ne vous quitterais pas d'une seconde.

— Sapristi ! ça devient gênant ! se dit Taquinet. Mais il m'a sauvé la vie... et il paraît qu'il m'aime beaucoup depuis ce temps-là : emmenons-le.

On part. A peine est-on dans la rue que la coiffure pointue du petit bossu attire tous les regards et fait rire les badauds de Munich, car il y a des badauds en Bavière comme en France : il y a des badauds partout.

— Vous êtes superbe ! dit Fortensac à son compagnon : vous avez quelque chose d'un grenadier prussien.

— Ce n'est pas la taille assurément.

— Non, mais c'est la coiffure. Si le grand Frédéric vous eût rencontré ainsi, il vous eût enrôlé rien que pour votre coiffure.

— C'est égal, on me regarde trop, cela m'intimide ; prenons une voiture.

— Je le veux bien, mon bon, nous arriverons plus vite.

Taquinet monte en fiacre avec son compagnon ; pendant toute la route, il n'ose ni s'adosser, ni se pencher contre les portières, de crainte d'abîmer sa coiffure. Enfin, on arrive à l'adresse indiquée, et ces messieurs se font annoncer chez mademoiselle Carottsmann.

Un domestique mâle introduit les deux amis dans un bel appartement, il les laisse dans un salon meublé assez confortablement, en les priant d'attendre sa maîtresse.

Fortensac examine tout ce qui l'entoure, en disant à demi-voix :

— Ce n'est pas trop vilain ici... c'est bourgeois, mais c'est assez cossu.

— Cela me semble parfaitement décoré, murmure Taquinet d'une voix étranglée : savez-vous que nous foulons à nos pieds un superbe tapis.

— J'en avais dé bien plus moelleux dans le château de mes ancêtres....

— Sapristi ! marquis, vous me croirez si vous voulez, mais cela me fait de l'effet de penser que je vais voir celle qui peut-être sera ma conjointe... j'ai peur d'être très-bête en l'abordant...

— Je vous éviterai l'embarras des premiers compliments en portant tout de suite la parole... laissez-moi faire !

— Ah ! vous croyez que cela vaudra mieux.

— Cent fois mieux... Vous avez alors tout le temps de regarder la demoiselle, de rechercher le piquant de ses attraits, et vous pouvez ensuite lui faire un joli compliment sur tout cela... Tandis que, pris au dépourvu, vous pourriez lui dire des choses gauches et mal appliquées à la masse de ses charmes.

— Vous avez raison... prenez d'abord la parole : pendant ce temps-là, je me remettrai et je tâcherai de deviner quel est le genre d'humeur de ma future... je dis ma future, c'est un peu présomptueux...

— Taisez-vous, on vient.

Une porte s'ouvre, et mademoiselle Edwige Carottsmann entre dans le salon. C'est une femme de moyenne taille, un peu boulotte, mais encore assez bien prise. Ses cheveux sont d'un rouge ardent, sa peau fort blanche, ses yeux petits, sa bouche grande et son nez un peu trop étalé sur ses joues. Tout cela n'empêche pas cette demoiselle d'être assez agréable à la vue. On ne peut pas dire qu'elle est jolie mais elle ne paraît pas précisément laide. Ce n'est plus une jeune personne, ce n'est pas non plus une vieille fille. Il y a de ces physionomies qui n'ont point d'âge, et mademoiselle Carottsmann semble jouir de cet heureux privilége.

L'Allemande fait en entrant une révérence un peu prétentieuse et un sourire fort gracieux.

Fortensac s'empresse de répondre à cela par un salut à la française dans lequel il met tout ce qu'il a retenu de ses leçons de menuet et de gavotte.

Taquinet, qui se trouve derrière son compagnon lorsque celui-ci salue, tâche de passer de côté pour être aperçu et en faire autant, mais Fortensac en se jetant tantôt à droite, tantôt à gauche avec une excessive légèreté, se trouve toujours masquer le petit bossu qui, chacun de ses saluts, a le nez sur les fesses de son ami. A la troisième révérence, Fortensac, ajoutant tout à coup un saut en arrière, Taquinet a sa belle frisure écrasée sur le bas du dos de M. le marquis.

— Ah ! nom d'un petit bonhomme, que c'est bête de sauter comme cela ! s'écrie Taquinet. Vous ne voyez donc pas que je suis derrière vous !... On prend garde... Mais vous dansez en saluant.

Aux accents de la voix aigre et criarde du petit bossu, la demoiselle allemande fait un mouvement de surprise, en disant :

— Comment, il y a encore quelqu'un là... Qu'est-ce qui est donc derrière vous, monsieur ?... Est-ce que vous avez amené un chien ?... Je vous avoue que je ne les aime pas...

Mais Taquinet, parvenant enfin à se faire jour et à repousser son intime ami qui n'avait pas l'air de l'entendre, paraît devant mademoiselle Carottsmann, très-décoiffé et un peu en colère, en s'écriant :

— Oui, mademoiselle, il y a quelqu'un... c'est moi... Hercule Taquinet... le cousin de Robinet... moi que vous attendiez, à ce que m'a dit mon cousin... et qui avais le plus vif désir de faire votre connaissance... Je viens de Paris exprès pour cela... et certainement... je n'me repens pas d'être venu.

Après avoir débité cela presque tout d'une haleine, Taquinet regarde Fortensac d'un air qui signifiait : Vous voyez bien que je n'ai pas besoin de vous pour parler.

Mais la jeune Allemande a semblé pétrifiée en apercevant le petit homme. Cependant elle se remet bien vite et présente des siéges à ses hôtes, en disant :

— Ah ! c'est vous, monsieur, qui êtes le cousin de M. Robinet...

— Oui, mademoiselle...

— Mais alors, qui donc est monsieur ?

Taquinet va pour répondre, son ami intime ne lui en laisse pas le temps :

— Je suiss un Français... d'une origine assez noble, j'ose le dire que les événements de la Révolution ont forcé de voyager. Je me rendais à Strasbourg ; dans la diligence, j'ai fait la connaissance de cet estimable M. Hercule Taquinet... A Strasbourg, où je comptais m'arrêter, j'ai eu le bonheur de lui sauver la vie dans un duel...

— Monsieur avait un duel? dit mademoiselle Carottsmann en regardant le petit bossu avec curiosité...

— Mademoiselle, répond Taquinet, c'est-à-dire que j'avais...

— Il était menacé par un bravache anglais ! s'écrie Fortensac en l'interrompant. Mais, moi, je n'ai pas voulu qu'il se batte. Je lui ai dit : Mon bon, tenez-vous tranquille, vous ne savez tirer ni l'épée ni le pistolet, tandis que cela me connaît... Les armes ! les combats ! voilà mon élément. Bref, je me suis battu pour ce cher petit. J'ai tué son antagoniste ; et, par suite de cela, ma tête étant mise à prix par la famille du défunt, j'ai dû fuir, quitter de nouveau la France, ce qui me procure en ce moment le bonheur de vous rendre mes hommages... belle dame ! Cadédis ! je voudrais me battre tous les jours à ce prix-là.

Fortensac termine son récit en baisant respectueusement la main de la grosse Allemande ; celle-ci semble sensible à cette galanterie tout à fait chevaleresque. Elle fait un doux sourire au bel homme.

Pendant ce temps, le petit bossu se mouche et tâche de fixer sa queue au milieu de son dos.

L'Allemande adresse à ces messieurs une foule de questions sur la France, sur Paris, qu'elle a, dit-elle, grande envie de connaître. C'est toujours Fortensac qui répond. Lorsque Taquinet va pour parler, il trouve moyen de lui couper la parole ; si le petit bossu glisse quelques mots, quelques réflexions, on ne les entend pas, parce que son cher ami bavarde avec une chaleur, un entrain qui ne laissent guère de place aux autres. Mais mademoiselle Carottsmann paraît prendre beaucoup de plaisir à écouter ce monsieur.

Enfin, après une visite d'une heure pendant laquelle Taquinet n'a pu placer quatre mots de suite, le Gascon se lève en disant :

— Je crois qu'en restant davantage pour une première visite, nous nous montrerions indiscrets, mon ami et moi ; nous allons donc partir... n'est-ce pas, mon bon !

Mais mon bon, qui n'était pas du tout content de n'avoir pu causer avec mademoiselle Carottsmann, restait sur sa chaise et ne semblait pas disposé à partir avec le marquis. La grosse Allemande, qui devine peut-être que le petit bossu a l'intention de rester, se lève alors et congédie ces messieurs, en les engageant à venir le lendemain prendre le thé avec elle.

Cette invitation est acceptée avec reconnaissance, et les deux Français s'éloignent après de nouveaux saluts pendant lesquels Taquinet a soin de ne pas se trouver derrière son ami.

On revient à l'hôtel. Le ci-devant clerc gardait le silence, il faisait la moue.

— Eh ! donc, mon cher !... s'écrie Fortensac, je ne vous trouve pas l'air enchanté ; il me semble cependant que, pour une première entrevue, cela s'est passé fort chaudement.

— Galamment !... c'est-à-dire que je n'ai pu échanger deux mots avec ma future... vous lui parliez toujours.

— Sandis ! c'était pour vous rendre service... pour vous mettre à votre aise... Tandis que je parlais vous jouiez de la prunelle, vous ! et il me semble que cela allait chaudement.

— Cette Allemande ne me regardait pas...

— Oh ! farceur ! elle vous lorgnait en dessous, je l'ai bien vu, moi.

— Vous croyez ?

— Oh ! je m'y connais... Entre nous, mon bon, c'est fini, vous avez fait sa conquête !

— Cela me surprendrait !.... Elle m'aura pris pour un imbécile, je n'ai rien dit, ou du moins je n'ai rien pu dire.

— Pour un homme qui connaît les femmes, vous m'étonnez !... Ne savez-vous pas qu'elles adorent les amants timides... les Allemandes surtout !...

— Oh ! alors, c'est différent.

— Et puis votre silence était si éloquent !

— Cependant j'aurais voulu lui parler un peu d'amour... la sonder sur ce sujet...

— Vous voulez la sonder sur l'amour... il suffit ; demain j'amènerai la conversation sur ce sujet, nous la sonderons.

Le lendemain, les inséparables sont prêts à l'heure que mademoiselle Carottsmann leur a indiquée. Taquinet n'a pas jugé convenable de se faire coiffer ; il s'applique seulement un œil de poudre. Le marquis a mis son habit à boutons jaunes.

Mademoiselle Carottsmann se montre très-aimable avec ces messieurs ; mais ses sourires, ses regards, et une foule de petites attentions dans lesquelles les femmes trahissent leurs préférences sont toujours pour le compagnon du petit bossu. Lorsque celui-ci essaye d'adresser un compliment à la demoiselle aux cheveux rouges, elle ne lui répond pas et semble même ne pas l'avoir entendu. En revanche, elle est tout oreilles pour Fortensac, qui babille avec son aplomb habituel, mêlant dans ses discours une, foule d'aventures toutes fort extraordinaires dont il a, soi-disant, été le héros pendant ses voyages dans les quatre parties du monde.

Taquinet, ne pouvant tenir le dé dans la conversation, se venge sur les tartines au beurre et les gâteaux que l'on a servis avec le thé. De temps en temps, il lance des regards enflammés sur mademoiselle Carottsmann, en accompagnait son œillade d'un soupir, et il se dit :

— Je ne sais pas si l'Allemande me lorgne, mais alors il faut que ce soit très-en-dessous, puisque je ne m'en aperçois pas.

Cette fois la visite se prolonge. Ces messieurs passent une partie de la soirée chez mademoiselle Carottsmann. Fortensac baise plusieurs fois la main de leur hôtesse ; Taquinet se brûle en buvant du thé trop chaud, et casse une tasse en voulant la passer à son hôtesse.

En revenant à leur hôtel, Fortensac répète encore au petit bossu que mademoiselle Carottsmann est éprise de lui. Taquinet ne semble pas persuadé de cela ; il regarde même son ami d'un air assez méfiant.

Plusieurs semaines s'écoulent, pendant lesquelles ces messieurs vont très-assidûment chez mademoiselle Carottsmann, qui continue de les recevoir fort bien, mais ne cause guère qu'avec Fortensac.

Pendant ce temps, Taquinet paie toujours pour deux les dépenses qu'il fait à Munich. S'apercevant que ses économies vont grand train, il a déjà plus d'une fois demandé à son cher ami s'il avait écrit en France pour avoir de l'argent, et celui-ci lui répond toujours :

— J'ai écrit, mais on ne mé répond pas !... Un peu de patience, que diable ! mon bon. Mes amis craignent peut-être de faire découvrir ma retraite en m'écrivant dans cet endroit. Rien ne presse ; on m'enverra une grosse somme à la fois, voilà tout.

— Je commence à être très-vexé que ce monsieur m'ait sauvé la vie, se dit Taquinet en regardant le restant de ses écus. Je ne voudrais pas refuser de payer pour lui... mais cela devient très-onéreux ; il mange et boit comme quatre ; il ne se refuse rien ! Ne voulait-il pas aussi se faire faire un habit... lui qui en a déjà trois... Il est vrai que ces trois-là se ressemblent terriblement, et, sauf les boutons, c'est absolument la même chose.

Puis Taquinet était vexé de ne pouvoir jamais aller chez mademoiselle Carottsmann sans que Fortensac l'accompagnât. Il sentait bien que ses affaires n'avançaient pas avec l'Allemande, et quoique le Gascon ne cessât point de lui répéter qu'il avait fait la conquête de sa belle, le ci-devant clerc trouvait, au contraire, que cette demoiselle le regardait d'un air goguenard qui ne ressemblait pas du tout à de l'amour.

Un beau matin Taquinet forme son plan. Décidé à se rendre chez mademoiselle Carottsmann sans Fortensac, il annonce à celui-ci que son cousin lui a fait dire de passer chez lui, seul, pour l'entretenir d'affaires de famille ; et il part après avoir serré la main du marquis, tout étonné que son cher ami ne se soit point attaché à ses pas.

Taquinet se promène quelque temps dans la ville. Lorsqu'il juge l'heure convenable pour se présenter, il se rend chez mademoiselle Carottsmann.

— Mademoiselle n'y est pas, lui dit le domestique.

— C'est singulier, la concierge m'a dit qu'elle y était.

Le valet se contente alors de fermer la porte au nez du petit bossu, qui s'en revient à sa demeure, en se disant :

— Comme c'est contrariant ! pour une fois que j'y vais seul je ne la trouve pas ! et elle est si souvent chez elle avec Fortensac.

En arrivant à son hôtel, il n'y trouve pas non plus le marquis. Midi à son retour celui-ci lui tape sur la bosse, en lui disant d'un air d'abandon :

— Tenez, mon bon, il m'a semblé deviner que vous ne seriez pas fâché d'aller seul chez votre future, afin de l'entretenir tout à votre aise de votre flamme...

— Ma foi, monsieur le marquis, s'il faut vous l'avouer... en effet, je...

— Eh sandis ! pourquoi donc ne pas me l'avoir dit plus tôt !... Est-ce qu'il faut se gêner entre amis, fi donc !... Désormais je vous laisserai aller seul chez mademoiselle Edwige Carottsmann. Moi, je ferai comme aujourd'hui, j'irai me promener dans les environs de Munich, et je tâcherai de me distraire avec une bavaroise.

Taquinet est enchanté ; dans sa joie il saute au cou du marquis, il veut l'étreindre dans ses bras. Pour cela il est obligé de se monter sur ses pointes et de se pendre à l'habit de son cher ami ; dans ce monvement il entend quelque chose qui tombe à terre en donnant un son métallique, et presque aussitôt toute la garniture de boutons se détache du côté gauche de l'habit du Gascon.

Le petit bossu reste tout interdit. Fortensac se pince les lèvres avec dépit; regardant alors à terre, Taquinet y aperçoit une petite tringle de fer, qui, placée en dedans de l'habit, retenait chaque bouton en passant dans leur queue.

L'habit, qui vient de s'ouvrir par suite de la chute des boutons, laisse voir du côté droit une tringle pareille qui retient de côté de la garniture.

— Tiens! vous attachez vos boutons avec une tringle! s'écrie Taquinet en examinant le côté droit.

— C'est une nouvelle mode! dit Fortensac en se hâtant de ramasser ses boutons. En voyage, on n'a pas toujours une aiguille et du fil pour se recoudre un bouton, tandis qu'avec ce petit bâton de fer jamais cela ne bouge.

— Oui, oui, je conçois, et puis de cette façon on change quand on veut sa garniture de boutons, et on a l'air d'avoir plusieurs habits lorsqu'on porte toujours le même. C'est très-ingénieux.

Fortensac se mord les lèvres, et rentre dans sa chambre rajuster la tringle à son habit. Taquinet retourne chez lui et se gratte l'oreille en se disant :

— Hum!... un marquis qui fait tenir ses boutons avec une tringle... pour avoir l'air de posséder plusieurs habits... cela me fait trembler pour l'argent qu'il me doit! Crédié! que je suis fâché de devoir la vie à ce monsieur-là. Enfin, dépêchons-nous de nous marier pour nous dépêtrer de ce cher ami. J'ai bien envie de conter l'histoire de la tringle à mademoiselle Carottsmann, cela pourrait la faire rire aux dépens du bel homme.

Mais lorsque Taquinet se présente le lendemain chez mademoiselle Edwige Carottsmann, on lui dit qu'elle est sortie.

Le jour suivant, elle est à la campagne; ensuite elle n'est pas visible ou elle est indisposée, et cela dure ainsi plusieurs semaines.

— Ah! sapristi!... cela devient une mauvaise plaisanterie! se dit un jour Taquinet en se voyant refuser la porte de la belle aux cheveux rouges. Si on ne veut pas me recevoir, qu'on me le dise tout de suite et qu'on ne me fasse pas trimer ainsi tous les jours... Si je consultais mon ami intime... que je n'aperçois plus depuis quelque temps...

Taquinet retourne à son hôtel, demande M. de Fortensac, et apprend qu'après avoir fait une belle toilette et mis un habit neuf, son cher ami a quitté l'hôtel dès le matin et n'est pas revenu.

— Un habit neuf! se dit Taquinet, il paraît qu'il a renoncé aux tringles; pourvu que ce ne soit pas moi qui sois obligé de payer le tailleur... Ce gaillard-là aura fait quelque conquête dans la ville... c'est pour cela que je ne le vois plus. Il est bien heureux ; mais n'importe, je veux savoir à quoi m'en tenir sur mon Allemande. Allons trouver mon cousin Robinet, que j'ai trop négligé depuis que je suis amoureux ; il a peut-être vu mademoiselle Carottsmann, il me dira ce que je dois faire.

Et Taquinet se rend en toute hâte chez le débitant de tabac.

En apercevant le petit bossu, M. Robinet fait une mine dans laquelle il y avait de la moquerie, de la pitié, de la bonhomie, de la satisfaction et de la méchanceté, mélange qui se trouve beaucoup plus souvent qu'on ne pense sur la bouche de nos amis.

— Eh bien, mon pauvre Taquinet! qu'est-ce que je t'avais dit...... hein... me suis-je trompé? dit M. Robinet en s'efforçant d'avoir l'air pénétré. Dame! c'est ta faute... et si cela est arrivé, tu ne peux t'en prendre qu'à toi.

— Comment? de quoi?... qu'est-ce qui est arrivé? Je ne vous comprends pas, cousin.

— Est-ce que tu ne sais pas ce qui se passe, mon pauvre ami?

— Je sais seulement que depuis plusieurs semaines je ne puis parvenir à voir mademoiselle Carottsmann... cela m'ennuie, car je désirerais savoir à quoi m'en tenir avec elle.

— A quoi t'en tenir, petit cousin? Si ce n'est que cela que tu veux, je vais te le dire, moi. La demoiselle ne veut pas de toi, mais en revanche elle veut beaucoup de ton noble ami, M. de Fortensac, et elle l'épouse aujourd'hui.

— Ah! nom d'un!... qu'est-ce que vous me dites là? s'écrie Taquinet en tapant du pied avec fureur. Mais ce n'est pas possible, vous vous moquez de moi, cousin.

— Pas du tout, c'est ton intime ami qui s'est moqué de toi, qui t'a soufflé la demoiselle!

— Il serait vrai... C'est infâme... c'est une horreur... cré coquin de marquis qui fait tenir ses boutons avec des tringles... Oh! j'ai bien idée maintenant que c'est un marquis de contrebande! tant mieux, ce serait bien fait, la Carottsmann serait enfoncée!... Tu dis qu'il l'épouse aujourd'hui...

— Oui, cette demoiselle m'a fait part hier de son mariage...

— Le gueux! c'est depuis qu'il me laissait y aller tout seul et qu'on ne me recevait pas, qu'il lui fait la cour sans doute... et cette carotte rouge qui sait que j'ai fait le voyage pour elle, et qui se conduit ainsi à mon égard !...

— Cousin, je te répète que c'est ta faute. Quand on est bâti comme toi, on n'amène pas avec soi un bel homme pour paraître encore plus.... noué. Il fallait, au contraire, chercher quelque nain, quelque cul-de-jatte, quelque monstre enfin qui t'aurait avantagé, toi.

— En voilà assez, Robinet, tu m'ennuies... avec tes culs-de-jatte... Tout cela ne m'empêchera pas de dire que les femmes sont des... je ravale le mot... mais il n'est pas gracieux ! aussi c'est fini, on ne m'y reprendra plus à être amoureux.. J'en ai assez de ces dames... je sors d'en prendre... non... au contraire... mais enfin n'importe, je n'en prendrai pas. Adieu, cousin, je vais partir, quitter Munich; je n'ai pas envie d'être exposé à rencontrer ce monsieur et cette dame qui, probablement, se donneraient encore le plaisir de me rire au nez.

— Oh! tu ne les rencontreras pas ; après la célébration du mariage ils ont dû partir sur-le-champ pour voyager un peu.

— Très-bien, et l'autre part sans me payer... Scélérat de marquis là m'a sauvé la vie. Après cela est-ce bien sûr... je commence à douter de tout maintenant. N'importe, je m'en vais aussi ; je retournerai en France à petites journées, en me promenant, le plus économiquement possible... heureusement je ne suis pas pressé.

— Si tu retournes en France, il faudra que je te charge d'une commission.

— Si c'est pour une femme, je ne veux pas la faire.

— Non, c'est pour un homme... un militaire... Ma foi, je ne sais plus son nom... mais il doit être sur l'objet qui est à lui...

— C'est différent, pour un militaire je m'en chargerai. Toi, de ton côté, si tu peux me faire rembourser ce qui m'est dû par le mari de la riche Carottsmann, ça me fera plaisir. Je te donnerai ma note... ça se monte déjà à trois cent quarante francs que j'ai payés pour lui...... sans compter son habit dont le tailleur va sans doute me demander le montant. Je vais à mon hôtel faire ma valise et je reviens te dire adieu... Polisson de Fortensac... il m'a soufflé l'Allemande... j'aurais dû le deviner dès le premier jour où il me bouchait la respiration avec ses... révérences!... mais je suis un niais... un jocrisse un amour... Penser qu'on pourrait m'aimer... moi bossu... moi contrefait... parce que dans le fond je suis un bon garçon incapable de faire du mal à un chat!.. parce que je suis un honnête homme... Oh! non, non, ce n'est pas avec ces choses-là qu'on plaît!... Porte ton fardeau, mon pauvre ami!... porte-le jusqu'au bout!... accomplis ta destinée... Elle n'est pas bien aimable cette Providence qui vous met au monde contrefait, disgracieux, souffreteux, et qui vous dit ensuite : Pour te dédommager de ta laideur, personne ne t'aimera, aucune femme ne voudra de toi... tu ne connaîtras pas les joies de la famille, l'amour d'une compagne, les caresses d'un enfant... mais en revanche on te raillera encore de ta difformité, tu trouveras sur ta route des gens pour te gouailler, pour se moquer de toi... comme si tu n'étais pas déjà assez malheureux.

Et le pauvre bossu a tiré son mouchoir qu'il porte sur ses yeux ; et son cousin Robinet n'a plus envie de rire, car en ce moment il comprend, en effet, tout ce qu'il y a de lâche, d'injuste, de méprisable à se moquer de ceux que la nature n'a pas traités comme ses autres enfants.

Mais bientôt Taquinet a essuyé une larme qui tombait du coin de son œil, il remet son mouchoir dans sa poche et reprend sa bonne humeur en s'écriant :

— Eh bien, qu'est-ce que je fais donc, moi!... je me chagrine ! je me laisse empoigner par la tristesse... Allons donc ! jamais... retro ! retro, satanas !... je ne me marierai pas, et ça me fait pleurer ! imbécile que je suis ! c'est peut-être le beau côté de ma position... c'est peut-être le dédommagement de ma bosse ! et je murmurais contre la Providence... Allons faire mon paquet.

Le soir même qui suivit cette journée, le petit bossu quittait Munich, à pied, sa valise placée sur sa bosse, et il sifflait gaiement un petit air, puis se disait :

— Les voyages se suivent et ne se ressemblent pas.

XIX

UNE RENCONTRE. — DIFFÉRENTES MANIÈRES D'ÉCRIRE NAVET.

C'est fatigant de voyager à pied, mais, excepté ce désagrément, les voyages pédestres ont bien des charmes. Vous voyez tout, vous examinez tout à votre aise; pas un joli site, pas un beau point de vue ne vous échappe; vous vous reposez où cela vous plaît; vous cueillez la fleur des champs qui vous fait envie, vous herborisez un peu, vous observez beaucoup et vous vous souvenez toujours; car les endroits où l'on a cueilli une plante, respiré une fleur, coupé une branche de feuillage, pris un peu de repos ou fait un léger repas, ces endroits-là restent gravés dans notre mémoire.

Mais lorsque vous avez fait cent lieues en chemin de fer, si je vous demandais des détails sur les pays que vous avez traversés, vous seriez bien embarrassé pour me répondre. Est-ce qu'on a le temps de voir quelque chose quand on voyage à vol d'oiseau? Ceci n'est point pour dire du mal des chemins de fer, mais c'est seulement pour vous faire remarquer que chaque chose a son bon côté.

Taquinet faisait toutes ces réflexions en avançant d'un pas très-modéré sur une route fort pittoresque. Depuis qu'il avait quitté Munich, le petit bossu avait mis huit jours pour faire vingt lieues; c'est vous dire qu'il n'en prenait qu'à son aise et s'arrêtait souvent. Ensuite il ne suivait pas la grand'route; peu lui importait de se détourner de son chemin et de prendre le plus long; lorsque du haut d'une montagne il apercevait un village ou un bourg dont la position lui semblait riante, dont l'aspect lui plaisait enfin, Taquinet se disait:

— Tiens!... je vais aller là... ça m'a l'air assez gentil par là... il faut que je fasse connaissance avec cet endroit... que je voie les maisons de plus près... D'ailleurs, je voyage pour mon agrément à présent; ce n'est plus pour me marier, c'est pour mon agrément... alors donnons-nous-en.

Puis l'ex-clerc se rendait dans le bourg qu'il avait admiré de loin, et qui, suivant l'usage, était toujours moins joli de près.

Au lieu d'entrer dans une auberge, Taquinet tâchait de se faire donner à manger chez un paysan, cela lui revenait moins cher, quelquefois même cela ne lui coûtait rien; mais alors il fallait qu'il bût beaucoup, car les Bavarois font grand cas des gens qui savent boire; ils estiment les hommes comme les futailles, d'après ce qu'ils peuvent contenir.

Taquinet vient de s'arrêter au bas d'une colline. A sa droite, il aperçoit une ville, à sa gauche un modeste village. Il se demande auquel des deux endroits il donnera la préférence; mais depuis quelque jours il a vécu chez des paysans et il a fait d'assez mauvais repas. Cette fois, il veut bien dîner, et comme l'art culinaire est généralement mal cultivé par les hommes de la nature, il donne la préférence aux hommes civilisés.

Un étudiant qu'il rencontre lui apprend qu'il est en Souabe, et que c'est la jolie ville de Biberach qui est devant lui.

Taquinet s'inquiète peu d'être à Biberach ou ailleurs; ce qu'il veut, c'est faire un bon repas. Pour cela, il se fait indiquer une bonne auberge, s'y rend, demande une chambre et à dîner; car, pour manger à son aise, il ne dîne plus dans les salles communes; sa présence y produit toujours trop d'effet; et, quoiqu'il y soit habitué, cela lui est rarement agréable.

On s'est empressé de servir le voyageur. Taquinet est assis devant un couvert bien servi. Il se bourre de choucroute, mets auquel il a pris goût depuis son séjour en Allemagne; il savoure le vin du Rhin, et de temps à autre se dit :

— Au moins je ne paie maintenant que ce que je mange... Je ne suis pas obligé de régaler un autre... Ah! monsieur le marquis!... pour un homme de vieille race, votre conduite envers moi est bien canaille.

Le petit bossu achevait son repas, lorsqu'il entend du bruit dans la chambre voisine de la sienne. Une simple cloison séparait les deux pièces; il était donc facile d'entendre ce qui se disait chez le voisin. Et comme en ce moment on parle très-haut, Taquinet peut, tout en dînant, saisir la conversation qui a lieu à côté de lui. On peut écouter sans être curieux. D'ailleurs, le petit bossu était curieux, il ne s'en cachait pas.

Une voix forte, rude, et qui semblait avoir l'habitude du commandement, ne tarde pas à percer la cloison.

— Voyons, sacré mille bombes! y êtes-vous enfin, garçon? Vous me dites que vous savez écrire le français, et que le cuisinier le parle comme un muscadin de la rue Saint-Denis, et voilà deux heures que vous n'en finissez pas pour écrire le potage que je demande... Ah! bigre, mon homme, si vous mettez ainsi du temps à ce que vous faites, votre maîtresse doit avoir de l'agrément avec vous...

— Monsieur l'officier, pardon... c'est que j'avais une plume qui crachait...

— D'abord, minute, mon gros : pourquoi m'appelez-vous officier? il me semble que je ne suis pas en uniforme. Qui vous fait supposer que je suis militaire?

— Oh! dame, monsieur... je l'ai cru, moi... parce que, voyez-vous, l'habitude de servir les voyageurs, je devine tout de suite à qui j'ai affaire... à moins que je ne me trompe pourtant.

— Vous êtes une huître. Je suis ce que je suis, ça ne vous regarde pas! reprenons le maniement de la carte, et tâchez d'écrire un peu plus vite avec votre plume qui crache, sinon je vous mets aux arrêts pour huit jours...

— Ah! voyez-vous que vous êtes officier...

— Silence dans les rangs. Ça ne m'amuse pas du tout de faire écrire la carte de mon dîner; mais je ne sais pas si c'est parce que je m'explique mal, on ne me sert jamais ce que j'ai demandé dans les auberges de votre Allemagne... Je fume déjà assez d'être ici!... tonnerre de!... enfin, je voudrais au moins manger à ma fantaisie, et qu'on ne me serve pas du veau quand je demande du bœuf, du merlan quand j'ai choisi du saumon, et une poire quand je veux du fromage!

— Aussi, monsieur mon bourgeois, voilà pourquoi j'ai eu l'honneur de vous dire : Écrivez votre carte, et comme ça vous ne vous tromperez pas. Et comme vous m'avez dit que ça vous ennuyait d'écrire, je vous ai offert de faire écrire votre carte sous votre dictée, vu que j'ai reçu de l'éducation... D'ailleurs, je ne suis pas Allemand, moi, je suis né à Metz en Lorraine, je suis Français, si vous voulez bien le permettre.

— Je le permets et t'en félicite même... Mais tu bavardes comme plusieurs pies, et je voudrais en finir. Voyons, monsieur le garçon qui avez reçu de l'éducation, achevons ma carte... Qu'est-ce que je mangerai après le potage?

— Dame! monsieur, choisissez... voilà la carte de l'établissement.

Il se fait ici un moment de silence, pendant lequel Taquinet, qui a toujours écouté, se dit :

— Voilà qui est singulier... Je jurerais que j'entends là une voix de connaissance! ce voyageur, qui parsème ses discours de mots si énergiques, me rappelle le général Desparville... Je serais bien trompé si ce n'était pas le client de M. Moulinard qui est dans la chambre voisine.

La conversation qui recommence à côté fait de nouveau prêter l'oreille à Taquinet.

— Je ne sais pas ce qu'il y a sur ta bête de carte, c'est moitié allemand, moitié français, on n'y connaît goutte... on aurait dû dessiner tous les fricots, au moins comme ça on aurait jugé tout de suite à la vue si c'était tentant.

— Il aurait fallu trop de tableaux, bourgeois... On aurait eu alors un salon de peinture pour cuisine!...

— Silence, krompir! Tiens, nomme-moi un peu des meilleurs plats... je choisirai, j'aime mieux ça.

— Comme il vous fera plaisir, monsieur. Voulez-vous un fricandeau à la crème?

— A la crème... de la crème avec du veau, quel ragoût me fiches-tu là... Autre chose.

— Voulez-vous du filet de chevreuil à la gelée de groseille?

— Des confitures avec du chevreuil... voilà encore un mélange qui ne me va pas... Passons.

— Voulez-vous des saucisses avec de la compote de pommes ou du bœuf aux raisins de Corinthe?...

— Quelle sacrée cuisine!... Ah! on a bien raison de dire qu'il n'y a que les Français qui sachent fricoter!.. Voyons, est-ce que tu n'as pas autre chose à m'offrir que toutes ces ratatouilles allemandes dont un chat de Paris ne voudrait pas?

— Attendez, attendez... nous avons du petit salé aux choux.

— Approuvé... A la bonne heure, je m'y reconnais. Mets cela.

— Ensuite de la choucroute.

— Ça se ressemble un peu. C'est égal, marque ça.

— Ensuite du canard aux navets délicieux.

— Eh! allons donc!... voilà qui me va beaucoup! du canard aux navets... Bigre!... quand j'étais lieutenant, moi et mes soldats nous aurions enfoncé tout un carré d'ennemis pour manger du canard aux navets; c'est un ragoût essentiellement français... et on le façonne si gentiment à Paris... Vois-tu, étant sous-officier, j'ai eu deux maîtresses auxquelles j'ai été fidèle bien plus longtemps qu'à d'autres... L'une était blanchisseuse de fin, l'autre enfilait des perles et autre chose quand ça se trouvait... Oh! nous autres sabreurs, nous ne donnions pas dans les marquises alors!., nous faisions l'amour comme l'exercice en quatre temps et six mouvements. Bref, mes dulcinées n'étaient pas absolument des Vénus pour la beauté... tant s'en faut ; mais le militaire n'est pas difficile... D'ailleurs, ces dames avaient chacune de jolis talents de société, et entre autres celui de travailler le canard aux navets, que c'était à s'en lécher la moustache. Cependant, je me rappelle que chacune avait sa manière ; l'une y ajoutait des pommes de terre ; l'autre y mettait des clous de girofle. Mais c'est égal, c'était fièrement bon de chaque côté... et j'ai toujours gardé un doux souvenir de ces deux donzelles-là... parce que, vois-tu, note bien ceci pour ton instruction... toi qui as reçu de l'éducation, tu ne sais peut-être pas encore ça... L'amour, c'est une jolie chose... c'est un divertissement qui a son mérite; mais quand une femme ne sait faire que ça... bernique!... ça ne dure pas longtemps avec elle, et on lui tourne bientôt les talons.

— Suffit! je vous crois, et je suis de votre avis, mon officier... car vous voyez bien que j'avais deviné, et que vous êtes un militaire gradé et peut-être supérieur.

— Chut! motus dans les rangs... Tu ne vois donc pas, pékin, que je veux garder le chose... l'incognito! Revenons au canard. Sais-tu si ton cuisinier y ajoute des pommes de terre ou des clous de girofle ?

— Il y met des deux, mon majeur; il y met aussi des carottes, des champignons... des panais...

— Alors, c'est donc un canard à la julienne... N'importe, voilà mon dîner commandé... Ah! ajoute un pouldet de Jérôme... et c'est encore un fromage éminemment français, et une bouteille de votre Joannisberg... Je l'aime assez ce vin-là... quoiqu'il ne soit pas de mon pays... mais c'est un brave... un rude causeur, il faut se tenir ferme avec lui ; il a mon estime... As-tu fini ?

— Oui, mon supérieur.

— Voyons... passe-moi un peu ma carte, que je voie si tu n'as rien oublié...

— Voilà, mon chef.

— Hum!... hum!... quelle f... écriture ; il paraît que ta plume crachait beaucoup... Si je voulais, moi, j'écrirais bien mieux que ça... bien plus gros surtout!... hum... Tiens... c'est drôle... tu écris canard aux navais v,a,i,s.

— Oui, mon commandant.

— C'est que... il me semblait que cela devait s'écrire v.o.i.s... Es-tu sûr que tu n'as pas fait une faute?

— Très-sûr, mon capitaine ; seulement, voilà la chose, on écrivait navais, autrefois ; c'est vrai ; mais aujourd'hui on écrit: navais, parce que c'est l'orthographe de Voltaire.

— Oh! du moment que c'est l'orthographe de Voltaire! Tu diras que je l'aime bien chaud, entends-tu ?

Le garçon est parti, et Taquinet, qui vient de terminer son dîner, se dit:

— Maintenant, je ne doute plus, c'est le général Desparville qui est là ; cette discussion, sur la manière dont on écrit navet, ne me laisse plus le moindre doute. Que diable vient faire le général en Allemagne?... Ceci ne me regarde pas... mais je vais toujours profiter de l'occasion... Comme cela se trouve... Garçon! holà... garçon!... Ah! il arrive enfin.

— Que désire monsieur ?

— D'abord payer mon dîner ; ensuite vous prier de vous rendre chez ce voyageur qui est dans la chambre voisine, pour lui dire qu'un Français, qui se trouve en ce moment à Biberach, désirerait avoir un moment d'audience de M. le général Desparville.

— Ah! bah! c'est donc un général ce voyageur?

— Oui, garçon, un pur général, et un gaillard qui a bien gagné son grade...

— Eh bien, je me doutais que c'était un officier très-majeur !

— Allez, garçon, allez!

— Vous avez dit... le général ?

— Desparville.

— Desparville, bon ! va-t-il être surpris que je sache son nom.

Le garçon est sorti. Taquinet attend.

Il lui semble bientôt entendre beaucoup de bruit, de mouvement, d'allées et venues dans la chambre voisine ; puis le calme se rétablit, et un silence complet remplace tout ce vacarme. Mais le garçon ne revient pas.

Taquinet attend près d'une demi-heure, en se disant:

— Le général ne veut peut-être pas être dérangé au moment de son dîner.

Cependant, étonné de ne point recevoir de réponse, il appelle de nouveau le garçon. Celui-ci paraît, mais, cette fois, avec une figure piteuse et un air de fort mauvaise humeur.

— Eh bien, garçon, dit Taquinet, pourquoi donc ne venez-vous pas me rendre réponse de la commission que je vous ai donnée ?

— Ah! pardi, monsieur!... elle était gentille, votre commission ; merci ! je ne voudrais pas en faire souvent comme ça...

— Que voulez-vous dire ? voyons, expliquez-vous.

— C'est que, à peine que j'eusse z'été... non, je voulais dire que j'eusse été... l'h est aspirée...

— Passons.. je sais que vous avez reçu de l'éducation.

— Eh bien, je n'eus pas plutôt dit à ce monsieur que vous demandiez à parler au général Desparville, que, me sautant à la gorge, il me serra en me secouant comme un prunier, et me dit : Méchant galopin, tu as donc oublié ce que je t'ai répété tout à l'heure ? Ce voyageur est un âne, tu en es un autre; fais seller mon cheval que je parte tout de suite, ou je te casse les reins!... Je voulus répliquer, il m'appliqua sur-le-champ le bout de sa botte dans un endroit que j'ai très-sensible... Je courus lui préparer son cheval, et il est parti au grand galop sans penser au bon dîner qu'il avait commandé... ce qui fait qu'au lieu d'un pour-boire, j'ai reçu... ce que je viens de vous dire.

— Voilà qui est singulier! se dit Taquinet. Partir si brusquement parce qu'on demande à lui parler... car certainement c'était bien le général Desparville, j'en mettrais ma bosse au feu ! Ma foi, tant pis, après tout!... je le retrouverai à Paris...

Et quelques moments après, le petit bossu quitte aussi la ville de Biberach.

XX.

OÙ L'ON REVOIT LE MONSIEUR MAL POUDRÉ.

Taquinet est rentré en France, et il ne manque point de passer à Strasbourg, où il compte s'arrêter quelques jours, car il n'a point oublié les deux virtuoses Carlina et Tartina ; la première surtout avait laissé dans son cœur un profond souvenir, et il s'est dit plus d'une fois, tout en voyageant pédestrement :

— Lorsque j'arriverai à Strasbourg, qui m'empêchera d'aller vendre une petite visite à ces ravissantes cantatrices? Il me semble que je n'ai dû leur laisser que des souvenirs agréables... J'avais payé un excellent déjeuner... et puis cette tendre Carlina... cette aimable blonde me laissait des œillades... Cristi! cela allait joliment et sans l'arrivée de ce milord, je crois que j'aurais été couronné de myrte et de roses... Puisque ce jaloux Tapsifort a été tué, je ne crains rien de le rencontrer chez la virtuose.... je puis donc me présenter chez elle en passant à Strasbourg.

Mais ce que l'on s'est promis de faire n'est pas toujours ce que l'on fait. Quand il se retrouve à Strasbourg, le petit bossu est redevenu timide; il hésite, il n'ose plus se présenter chez les deux dames de théâtre. Pourquoi ? C'est que le petit homme regardait sa toilette usée par les voyages; c'est qu'il examinait son feutre qui, de noir, tirait sur le roux; puis, dans son gousset, il sentait une bourse presque vide, et tout cela lui ôtait de son ancien aplomb, puisqu'il est bien prouvé que rien ne donne de l'aplomb comme l'argent.

Cependant, le lendemain de son arrivée à Strasbourg, Taquinet se monte la tête en se disant :

— Après tout, je puis toujours bien aller saluer ces dames... elles ne vont pas tout de suite me prier de leur payer à déjeuner... Et qui sait! c'est peut-être elles qui m'inviteront.

Alors le petit bossu se brosse des pieds à la tête avec une espèce de fureur; puis il se rend chez ces dames, dont il a retenu l'adresse.

Arrivé dans la maison qu'il reconnaît parfaitement, à peine a-t-il demandé à voir les deux virtuoses, qu'une portière, qui ressemble à une furie, sort de sa loge armée d'un plumeau sans plumes, et vient sur Taquinet, en criant d'une voix glapissante :

— Est-ce que vous savez où elles sont ces deux péronnelles, ces deux rien-du-tout, ces deux pas-grand'chose, qui sont parties sans payer leur terme, et que même encore j'y suis pour des avances de charbon, de beurre et de charcuterie... que la propriétaire m'a dit que c'était ben fait, que ça m'apprendrait à ne pas me faire payer le demi-terme d'avance, comme c'est d'usage dans les maisons garnies... Mais tant pis, si vous êtes leur oncle, leur frère ou leur parent, faudra que vous payiez pour elles, parce qu'enfin faut ben que je retombe sur quelqu'un, moi! Est-ce que j'ai besoin de payer le rouge, le blanc, le bleu et les faux appas de ces dames!... car elles en mettaient de faux : je suis ben aise de vous le dire.

Le pauvre Taquinet, tout étourdi par ce déluge de plaintes acccompagnées de gestes dans lesquels le plumeau voltige autour de sa tête avec une dextérité qui ferait croire que la portière a été batonniste; le pauvre Taquinet a toutes les peines du monde à faire comprendre au cerbère irrité que les deux chanteuses, qu'il les connaît même fort peu, n'ayant été reçu qu'une seule fois chez elles, et enfin qu'il venait tout simplement leur faire une visite de politesse en repassant pour Strasbourg.

Après avoir répété plusieurs fois tout cela en marchant à reculons, et toujours harcelé par la portière, qui semble avoir une extrême envie de lui faire des choses désagréables, le bossu, se retrouvant dans la rue, prend sa course, et s'éloigne de toute la vivacité de ses jambes sans faire attention aux épithètes grossières que la femme au plumeau lui adresse encore de loin.

— Il paraîtrait que nos deux virtuoses ont essuyé des revers! se dit Taquinet lorsqu'il a enfin cessé d'entendre les injures de la portière. Ces choses-là peuvent arriver aux plus grands talents... elles auront été forcées de déménager brusquement... Dans ces moments-là, on oublie son propriétaire !... Eh ! mon Dieu ! que de gens à Paris ne déménagent pas autrement !... Pauvres petites femmes !... cela me fait de la peine. Je ne crois pas à ce que cette méchante portière a dit... au sujet de leurs faux... appas... A la vérité, ne les ayant point palpés.. je n'ai pu les juger que devisu; mais cela me paraissait bien nature !... Pauvres minettes !... Certainement, si je les avais retrouvées, je leur aurais offert... pas d'argent !... c'est à peine si j'ai de quoi aller jusqu'à Paris... il faudra même que je vende quelques effets en route, mais je leur aurais exprimé la part que je prends à leur infortune... Je suis sûr qu'elles auraient été sensibles à mon procédé... cette tendre Carlina surtout !... Je suis fou des blondes, moi !... Ah ! Dieu ! si on était riche pourtant !... je crois que j'aurais fait des folies pour les femmes !... c'est si doux de protéger le talent méconnu, d'être le Mécène des artistes... Ce que je viens de m'apprendre m'a tout ému ! Entrons dans un café... payons-nous un petit verre avec un gros petit pain... ça soutient jusqu'au dîner.

Taquinet entre dans un café, se fait servir un petit verre et deux pains à café, parce qu'un seul ne lui suffit pas; et tout en faisant ce déjeuner modeste, il lit les journaux de l'établissement, qui n'en possédait que deux : le Journal de Paris et les Petites-Affiches.

Mais, à cette époque, deux journaux c'était du luxe ; les cafés n'en possédaient pas de toutes les dimensions, de tous les formats, de toutes les couleurs !... Alors le public n'éprouvait pas le besoin d'un journal rose, jaune, bleu, vert, d'une revue hebdomadaire et quotidienne, avec ou sans illustrations; alors la presse ne s'était pas répandue par torrents, par colonnes, par feuilletons dans tous les établissements publics, dans les théâtres, dans les cafés, les restaurants, les ateliers; alors on ne fondait point des journaux par actions, et on lisait les romans en volumes au lieu de les lire par morceaux dans des feuilletons; si ce n'était pas le bon temps des journaux, à coup sûr c'était une meilleure époque pour les libraires !... Autres temps, autre presse!

Taquinet parcourait les Petites-Affiches; il regardait aux demandes, car il n'était pas bien certain, en arrivant à Paris, de retrouver sa placé chez M. Moulinard, et, tout en feuilletant le journal, il se disait :

— Si je savais panser les chevaux et frotter, j'aurais déjà trouvé plusieurs places à choisir ! mais je ne sais qu'écrire purement ma langue et un peu de latin... avec cela on meurt de faim !...... O mes chers parents, qui avez cru me rendre heureux un jour en me faisant donner de l'éducation...... pas comme le garçon de l'auberge de Biberach qui écrit navet avec l'orthographe de Voltaire... mais une éducation modeste... eh bien, si vous n'aviez fait de moi qu'un gniaff..... qu'un misérable commissionnaire ou frotteur, je serais peut-être moins embarrassé maintenant pour gagner ma vie. On me dira à cela : Vous êtes toujours le maître de vous conduire comme si vous ne saviez rien du tout. C'est juste. Mais quand on sait qu'on n'est pas absolument un âne, quand on se sent en état de faire quelque chose, cela semble dur de jouer le rôle de ceux qui ne savent rien.

Pendant que Taquinet réfléchissait le nez sur les Petites-Affiches, un monsieur était venu se placer à une table voisine de la sienne. Il avait demandé une bavaroise au chocolat, dans laquelle il trempait sa sixième flûte, lorsqu'un autre personnage entre dans le café ; l'homme à la bavaroise l'appelle en criant :

— Eh, dis donc, Mouchetrop !... Ohé ! par Jupiter ! est-ce que tu deviens sourd !... approche donc un peu, mon gros.

Celui auquel s'adressait cette invitation était un petit homme pâle, tout mince, tout fluet, serré dans sa redingote comme s'il avait dû courir à cheval, et qui portait à une main un gant noisette, à l'autre un gant noir. Cependant en s'entendant appeler « mon gros » il est accouru vers le monsieur qui savoure sa sixième flûte ; il s'assied devant lui et se met à parler d'une voix tremblotante, entremêlée d'un graillonnement de gosier.

— Tiens, c'est vous, monsieur Beaulard... Ah ! vous déjeunez... vous prenez du chocolat... c'est bon le chocolat, c'est fortifiant pour la voix... j'aime beaucoup le chocolat, moi, mais je n'en prends jamais... pour raisons.

— Voyons, Mouchetrop, laisse un peu le chocolat, et réponds-moi, par Apollon !... Pourquoi donc hier ne m'as-tu pas soufflé dans mon morceau de Félix : Je sens dans le fond de mon âme !... Que diable, mon cher, tu es dans ton trou pour souffler la musique et les paroles, tu dois souffler tout...

— C'est vrai... Oh ! je souffle tout aussi... Il a l'air bon votre chocolat !

— J'ai fait hier ma rentrée au théâtre dans le rôle du père Morin, de Félix ou l'Enfant trouvé, et Dieu merci, je me flatte d'y avoir produit de l'effet... hein, en ai-je produit de cet effet !... on a été tellement saisi qu'on n'avait pas la force d'applaudir...

— C'est vrai, ils n'ont pas applaudi du tout...

— Pardieu ! je le crois bien ! ils avaient peur de perdre un seul de mes sons !...

— Je l'aime mieux au lait qu'à l'eau, par exemple...

— Qu'est-ce que tu aimes au lait... le grand air de mon rôle...

— Non... c'est le chocolat.

— Par Proserpine, Mouchetrop, tu deviens insupportable... il ne s'agit plus de chocolat ici ! Je commence mon grand air : Je sens dans le fond de mon âme... et je te regarde... la suite ne me venait pas ! Je ne savais plus ce que je sentais dans le fond de mon âme ; je regarde mon Mouchetrop... qui, au lieu de me souffler, s'occupait à peler une pomme et à la couper par quartiers... Par Junon !... sais-tu bien qu'on n'est pas dans le trou du souffleur pour s'amuser à peler des pommes... si c'était pendant un entr'acte, je ne dirais rien, mais pendant que l'on joue la pièce... Lorsque je suis en scène... lorsque je fais ma rentrée au grand théâtre de Strasbourg... que le public est tout yeux, tout oreilles pour m'entendre... quand il garde un silence d'enthousiasme, de peur de perdre une seule de mes notes !... tu me laisses en plan ! tu oublies ton devoir pour manger une pomme !... sais-tu bien que tu mériterais d'être mis à l'amende du montant de la recette...

— Ah ! diable, monsieur Beaulard, comme vous y allez !... alors mes appointements de l'année y passeraient tout de suite !...

— J'ai bien voulu, pour cette fois, ne pas me plaindre au directeur, parce que je ne suis pas méchant, moi ! je n'aime pas faire des plaintes sur un camarade... mais que cela ne t'arrive plus !...

— Soyez tranquille ; je vais vous dire, je croyais que vous saviez votre grand air par cœur... je me disais : Il n'a pas besoin de moi, il a chanté cela si souvent...

— Eh ! par Mercure ! on a chanté quelque chose cent fois, et un beau jour, proutttt... la mémoire disparaît vous restez en figure d'âne. Tout à coup il s'est trouvé dans l'orchestre un monsieur qui s'est mis à beugler : Une voix qui me dit : C'est bien : c'était mon vers !..

— Certainement, c'était votre vers, c'est pour cela que je ne vous l'ai pas soufflé alors, je me suis dit : On le lui souffle de l'orchestre, ça doit suffire.

— Mouchetrop, vous êtes un bélitre !... J'entendais de l'orchestre ce monsieur qui me criait toujours : C'est bien ! c'est bien ! Moi je me disais : Voilà un amateur qui est content de moi, il m'encourage, et je me suis mis à le saluer, et chaque fois qu'il répétait : C'est bien, je le saluais derechef, si bien qu'à force de saluer, j'avais l'air de danser mon grand air en menuet. Heureusement, j'ai fait un point d'orgue qui a tout réparé... quel point d'orgue!... hein, Mouchetrop?... en as-tu entendu souvent comme celui-là?

— On m'en a offert à vingt-huit sous la livre... mais sans vanille...

— Quel cantaloup tu fais!... il pense encore à son chocolat quand je lui parle de mon point d'orgue d'hier au soir, une des plus belles tenues que j'aie faites dans ma vie lyrique... Quel point d'orgue!... Je n'en ai fait que trois comme cela depuis que je suis au théâtre ; un à Vienne, en Autriche, un autre à Carpentras, et le dernier, hier ici. Mais celui-ci enfonce les deux autres... C'est singulier, Mouchetrop, vois-tu, plus je vais, plus je prends d'années et plus j'ai des moyens!... Si cela continue, à soixante-dix ans j'enfoncerai toutes les basses de l'Europe!

— Vous êtes bien heureux! moi plus je souffle et moins j'ai de vent.

Taquinet avait naturellement entendu toute la conversation que nous venons de rapporter ; d'ailleurs, le monsieur que le souffleur appelait Beaulard parlait de manière à se faire entendre d'un bout à l'autre du café. Ses expressions répétées : *par Jupiter, par Mercure,* etc., avaient attiré l'attention du petit bossu ; il avait cherché dans sa mémoire où il avait déjà entendu quelqu'un invoquer les dieux de la mythologie, puis, examinant le narrateur, il avait alors reconnu ce monsieur mal poudré qu'il avait rencontré lorsqu'il se rendait avec Fortensac chez les virtueuses, et que son cher ami le marquis lui avait dit être un père de famille noble.

C'était bien en effet le même personnage, il était encore aussi mal poudré que quelques mois auparavant, mais Taquinet, qui ne perdait pas un mot de la conversation, se disait :

— Qu'est-ce que cela signifie... comment ce monsieur serait acteur... il n'y a pas à en douter... il gronde l'autre de ne l'avoir pas soufflé... Il a fait hier sa rentrée au théâtre ; alors Fortensac m'a donc dit des mensonges... quel infâme craqueur que ce marquis!

Et Taquinet regardait toujours M. Beaulard, et celui-ci, qui s'en apercevait, se di-ait : — Voilà quelqu'un qui me reconnaît et qui m'admire!... Et ce monsieur ne disait plus *Strasbourique*, mais bien Strasbourg depuis qu'il était réengagé dans cette ville.

Puis il faisait quelques petites roulades en criant bien haut :

— C'est heureux que je ne me fatigue pas, car ils m'accablent de rôles, que c'en est dégoûtant... Je joue ce soir *le Déserteur*.

— C'est-à-dire vous jouez *Courchemin* du *Déserteur*, dit Mouchetrop en se mouchant.

— Oui, *Courchemin*... mais c'est le plus beau rôle de la pièce, je ne le changerais pas contre celui d'*Alexis*, ni de *Montauciel*, parce qu'il y a dedans un polisson d'air : *Le roi passait*, pron... ou... ou... tt! Vois-tu, Mouchetrop, quand on chante cela comme je le chante, on se f... de l'adversité... on lui dit : Adversité, je te nargue! tu ne peux pas m'atteindre!... est-ce que tu ne me rends pas la justice d'être de mon avis?

— Il y a des gens qui boivent un verre d'eau par-dessus ; moi pas.

M. Beaulard venait de donner un coup de poing sur la table en haussant les épaules avec colère, lorsqu'un nouveau personnage entre dans le café et vient sur-le-champ se mettre à la table où sont déjà le père noble et le souffleur.

A l'aspect de cet homme, Taquinet est pris d'une terreur subite, car il lui a semblé reconnaître en lui milord Tapsifort, cet Anglais si jaloux de madame Carlina, et que Fortensac a tué d'un coup de pistolet.

C'est bien la même taille, ce sont les mêmes traits ; seulement les moustaches ont disparu ; ensuite, au lieu de cette expression de férocité qui animait les yeux de l'Anglais, on ne voit dans la physionomie du nouveau venu qu'un air riant, jovial et un peu goguenard.

Le petit bossu n'ose ni bouger ni se retourner, mais celui qui vient d'entrer ne fait pas attention à lui, il serre la main au père noble qui s'écrie :

— Bonjour, Tartenpon : cela va bien, cher ami...

— Très-bien, Beaulard ; et toi, es-tu remis de ton émotion d'hier ?

— Moi! est-ce que j'ai jamais été ému?... Par exemple, quand on est sûr de soi, on n'est pas ému, mon cher !

— Ma foi, écoute donc, cela arrive pourtant aux plus grands talents... moi, quand je joue un rôle nouveau, j'avoue que j'ai beaucoup d'émotion?

— Toi, c'est possible, pas moi ; tu es entré dans la salle hier... voyons, rapporte-moi un peu ce que l'on a dit sur moi?... ma rentrée a fait bigrement d'effet, n'est-ce pas!... on ne doit parler que de cela dans la ville... Et ces misérables journaux n'en disent pas un mot!... leur politique les rend insensibles aux beaux-arts... Eh bien! qu'as-tu entendu... dis-moi tout le bon et le mauvais, s'il y en a. Je n'ai pas d'amour-propre, moi! je sais ce que je vaux, voilà tout! cela me suffit... N'est-ce pas, Mouchetrop... tu es là, mon gros, pour dire que je n'ai point d'amour-propre. Par Minerve! tu m'as soufflé dans plus d'une occasion où il n'y avait qu'une voix dans la salle pour me louer... eh bien, je n'en étais pas plus fier...

Le souffleur ne répond rien ; il se tire le nez avec son mouchoir en regardant alternativement son gant noir et son gant noisette.

Le grand Tartenpon sourit d'une façon tant soit peu railleuse ; en murmurant :

— Les jeunes gens de l'orchestre ont trouvé que tu aurais dû mettre une perruque pour faire le père Morin.

— Une perruque!... ce sont eux qui le sont perruques... Si je n'en ai pas, est-ce ma faute... le théâtre n'a rien de propre dans son magasin, tu le sais aussi bien que moi, Tartenpon, toi à qui ils ont donné dernièrement une perruque à ailes de pigeon pour faire *Domingo* dans *Paul et Virginie*... Tu l'as mise... chacun a son idée, moi je ne l'aurais pas mise, parce que je n'ai jamais vu de nègres avec des ailes de pigeon.

— Oh! mais je n'ai pas mis de poudre...

— Il ne t'aurait plus manqué que cela, un nègre poudré, frisé..., pourquoi pas aussi un cadogan!... Du reste, vois-tu, le talent ne gît point dans la perruque!... Passons à d'autres réflexions.

— Les dames des loges ont prétendu que tu parlais trop vite.... c'est-à-dire que tu bredouillais un peu... et qu'on ne t'entendait pas bien.

— Par Cérès! voilà qui est joli... je bredouille en parlant, moi!... je bredouille!... As-tu jamais entendu cela, Mouchetrop?

— De loin... est-ce que ça se voit? demande le petit souffleur en regardant toujours ses deux gants. Tartenpon se met à rire en lui répondant :

— Le noir ne deviendra jamais noisette ; mais, avant peu, je crois que le noisette pourra bien être noir ; alors ils auront l'air pareil. Où as-tu volé ces deux gants-là, Mouchetrop ?

— J'avais le noir depuis longtemps ; le noisette vient de mademoiselle Carlina, qui m'en a fait cadeau, vu qu'elle avait perdu son jumeau.

— C'est généreux de sa part.

Taquinet a tressailli au nom de Carlina. M. Beaulard frappe encore de son poing sur la table, en s'écriant :

— Je bredouille!... je bredouille!... voilà des réflexions bien dignes de ces femelles qui vont au spectacle pour faire des conquêtes et montrer leurs bras nus jusqu'aux épaules, leur poitrine nue jusqu'au creux de l'estomac!... Si elles osaient, je sais bien ce qu'elles y montreraient encore...

— Eh! eh! eh! ça ferait de l'argent! dit Tartenpon en riant.

— Tiens, Tartenpon, je me fiche de l'opinion de ces dames... mais le parterre... ah! voilà le souverain juge à mes yeux! je ne reconnais que lui ; il est rare que ses arrêts ne soient point justes... parce que la masse est là, et on a beau dire, les masses se trompent rarement! Qu'a-t-on dit dans le parterre?

— On a trouvé que tu avais fait ton point d'orgue beaucoup trop long. Il y a deux habitués qui ont prétendu qu'ils auraient eu le temps de faire un cent de piquet pendant ton point d'orgue!...

— Eh bien! ils se plaignent de cela!... Par Jupiter, ils se plaignent de ce que la mariée est trop belle... Ces habitués-là ne sont pas habitués à entendre des voix, à ce qu'il paraît... Après cela, au parterre, ils sont là un tas d'ignorants, de crétins, qui causent de leurs affaires, de leurs maîtresses pendant qu'on joue, et ensuite ils voudraient juger un acteur! cela fait pitié... Au reste, je ne sais pas quels cabaleurs tu as entendus, mais ce que je sais, ce qui est positif, c'est que dans la salle on m'a crié : *C'est bien! c'est bien*!... donc ils étaient contents.

— C'était le vers de votre grand air qu'on vous soufflait, dit Mouchetrop.

— Taisez-vous, Mouchetrop! vous n'en savez rien, vous mangiez des pommes, vous!... vous êtes digne de manger des glands...

— Ah! père noble!...

— Voyons, Beaulard, ne t'emporte pas... on a dit aussi beaucoup de bien de toi!... Il y a un gros banquier, qui est toujours au foyer, il a dit que tu étais impayable...

—Ah ! la bonne heure donc... voilà un homme qui s'y connaît. C'est vrai qu'on ne me paie jamais ce que vaut mon talent, mais enfin, il faut se soumettre aux circonstances ; et, d'ailleurs, la gloire passe avant l'argent... Touche là, Tartenpon ; tiens, ce que tu viens de me dire-là me fait oublier les cabales de mes ennemis.

En ce moment, Tartenpon, portant les yeux sur la table voisine, aperçoit Taquinet qui commençait à comprendre qu'il n'avait aucun sujet d'avoir peur et regardait de son côté le ci-devant lord Tapsifort.

Le petit bossu était trop reconnaissable pour que le sieur Tartenpon pût hésiter un moment ; aussi part-il d'un grand éclat de rire aussitôt qu'il a envisagé le petit homme ; et, de son côté, Taquinet pense ce qu'il a de mieux à faire est de rire aussi.

—Eh bien !... vous n'êtes donc pas mort... milord Tapsifort ? murmure Taquinet en saluant M. Tartenpon.

— Mais non, comme vous voyez, monsieur, je me porte bien au contraire...

— Il paraît que le coup de pistolet n'était pas si méchant que M. le marquis me l'a dit après le duel...

— Bah ! est-ce que tu as eu un duel, toi ? demanda M. Beaulard d'un air surpris.

— Eh non !... c'était une farce... une plaisanterie, répond le grand Tartenpon en s'accoudant sur la table. Voici la chose... je puis bien dire maintenant la vérité devant monsieur, qui, d'ailleurs, doit l'avoir à peu près devinée.

— Oui... oui... j'ai deviné... mais dites toujours... ça m'amusera...

— Il y a quelques mois, ce pauvre Floridor, qui avait été si bien sifflé à ses débuts ici l'an dernier... tu sais, celui qui a un accent gascon si prononcé... et que nous appelions *le marquis*, parce qu'il voulait toujours faire cet emploi.

— Oui, oui, Floridor... qui faisait un embarras, une poussière aveuglante avec son soi-disant talent... il a jeté un joli coton ici... un malheureux qui ne peut pas seulement donner le *mi* de poitrine !... il donne le *si bémol*, moi....

— Je donne l'*ut*, moi, répond Tartenpon en se rengorgeant.

— Moi, dit le souffleur, j'en donne une tablette de deux sous à ma petite fille pour son déjeuner les jours de fête ; elle la mange crue avec son pain, c'est excellent pour l'estomac.

— Pardon, messieurs, pardon, s'écria le petit bossu en interrompant les trois artistes, mais ce que vous venez de dire de ce monsieur gascon que vous appelez Floridor me cause une telle surprise...? Ce n'était donc pas vraiment un marquis ? Il s'était donné à moi pour le fils d'un émigré... du marquis de Fortensac ; il comptait rentrer bientôt dans ses biens ; en attendant, il venait toucher à Strasbourg cent mille francs à compte sur ce qui lui revenait.

Les trois personnages attachés au théâtre rient aux larmes en écoutant Taquinet.

Enfin, M. Tartenpon répond :

— Mon cher monsieur, Floridor n'est pas plus marquis que je ne suis lord Tapsifort ; c'est une mauvaise haute-contre qui veut faire les jeunes premiers et n'est pas en état de jouer les seconds Colin. Il a été sifflé dans toutes les villes de France. Je ne sais pas s'il est allé s'essayer à l'étranger, mais je doute qu'il y soit plus heureux.

— Il serait possible ! murmure Taquinet. Et je me suis laissé duper, berner, attraper par un méchant histrion !

— Ah ! par exemple, pour jouer des tours, pour faire poser son monde, Floridor est de la première force. Or, donc, il y a quelques mois, je le vois arriver au théâtre où je répétais la *Dame blanche*... le rôle de *Dikson* dans lequel je suis très-bien. Je dis à Floridor, en riant : Est-ce que tu veux encore redébuter ici..? Tu n'y as pas eu d'agrément cependant.— Il ne s'agit pas de cela, me répond-il, mais de jouer une farce à un petit bossu qui est mon compagnon de voyage. Je veux qu'il croie que je lui ai rendu un grand service... Il donnera dans le panneau ; il se laisse attraper comme un serin qui change de queue... Pardon, monsieur, c'est Floridor qui parle...

— Allez toujours, je mérite ces épithètes... Oh ! oui, avec tout mon esprit, j'étais un serin. Mais quand les gens d'esprit se mêlent d'être bêtes, ils le sont énormément : ils ne font pas les choses à moitié. Continuez, monsieur l'artiste.

— Je répondis à Floridor : S'il n'est question que d'une farce, j'en suis ; de quoi s'agit-il ? — De faire le rôle d'un Anglais tapageur et jaloux, me dit-il. Je mène mon petit pigeon chez Carlina et Tartina, où il paie à déjeuner. Carlina lui fera de l'œil et lui marchera sur les pieds, c'est convenu... Quand cela chauffera, tu arriveras comme une bombe, tu feras une scène à Carlina, tu provoqueras mon petit Ésope ; moi, je me mêlerai de la querelle ; bref, je me battrai à sa place.

Nous aurons des pistolets du théâtre... chargés à poudre comme à l'ordinaire. Tu tireras le premier, tu me manqueras. Je tirerai le second, tu tomberas, je t'aurai tué. — La chose s'est exécutée telle que nous l'avions arrangée... et vous avez donné dedans comme frère Laurent.

Taquinet devient pourpre ; jamais il ne s'est senti aussi vexé d'avoir été pris pour dupe. Le grand Tartenpon, s'apercevant que son récit a pétrifié le petit bossu, s'empresse de lui offrir un petit verre d'anisette et une poignée de main, en lui disant :

— J'espère que vous ne m'en voulez pas... ce n'était qu'une plaisanterie dans laquelle, après tout, il n'y avait pas grand mal...

— Pas grand mal ! s'écrie Taquinet. Ah ! c'est que vous n'en avez pas prévu les suites, les conséquences !... Croyant devoir la vie à ce... Floridor, je ne pouvais plus refuser, moi, de lui rendre tous les services qu'il me demandait... et Dieu sait s'il a abusé de sa position... N'importe, ceci est une leçon, cela m'apprendra à vouloir avec ma bosse aller faire le gentil chez les demoiselles... et à croire que c'est par amour qu'on accorde quelque chose. Je ne vous en veux nullement, monsieur Tartenpon, et, pour preuve, c'est que j'accepte votre verre d'anisette... Si j'étais en fonds, je vous offrirais de mon côté quelque chose... mais ce polisson de Floridor y a mis bon ordre !...

— Si vous restez aujourd'hui à Strasbourg, monsieur, dit Beaulard, je vous ferai entrer ce soir au spectacle, vous me verrez dans *Courchemin du Déserteur*, vous n'en serez pas fâché...

— Je vous remercie... père noble... c'est votre emploi, n'est-ce pas... c'est pour cela qu'il vous appelait père noble, l'autre ?

— Sans doute, comme moi je l'appelais *marquis*.

— Est-ce que les virtuoses Carlina et Tartina sont encore à Strasbourg ?

— Certainement, et vous les verriez ce soir au théâtre.

— Merci, je m'en priverai alors... je ne me soucie pas de rencontrer ces dames. Je vais quitter Strasbourg sur-le-champ. Adieu, messieurs, je garderai de cette ville un souvenir amer et doux !... amer, par suite du tour qu'on m'y a joué... doux, parce que l'anisette y est excellente.

Puis, Taquinet, prenant congé des deux artistes et du souffleur, qui lui présente en même temps sa main noire et sa main noisette, sort du café et se remet en route pour Paris, en se disant :

— Après tout, si j'ai été attrapé, ce qui me console c'est que mademoiselle Edwige Carottsmann l'est aussi... et que pour elle l'attrape sera de longue durée... Ah ! belle aux cheveux rouges, vous avez méprisé le pauvre bossu, vous avez agi fort malhonnêtement avec moi... Me défendre votre porte pendant six semaines, au lieu de me recevoir et de me dire comme Floridor que vous en aimiez un autre... voilà ce que je vous reproche. Mais vous avez voulu épouser un marquis, un noble, un homme de vieille race... et vous êtes la femme d'un malheureux cabotin qui se fait siffler partout !... Oh ! en voilà déjà une de vengeance... Je ne suis pas méchant, et pourtant je sens que cela me fait plaisir. Cette fois je dis adieu aux amours, aux bonnes fortunes, aux actrices, aux grisettes, aux femmes enfin, en général comme en particulier. Mais si jamais je retrouve M. Floridor de la Gasconnaderie... ah ! nom d'un petit bonhomme ! je tâcherai de me venger ! à moins que la Providence ne se charge encore de ce soin, ce qu'elle fait assez souvent sans que nous nous en mêlions et beaucoup mieux que nous ne le ferions nous-mêmes ! J'ai aussi remarqué cela.

XXI.

RETOUR A LA LAITERIE.

Nous avons longtemps oublié Adolphine et la mère Bloquet, dans leur champêtre habitation du bois de Vincennes. Mais les aventures de notre héros nous entraînaient, et nous ne pouvions, en bonne conscience, l'abandonner dans ses voyages sans savoir quel en serait le résultat.

Maintenant revenons près de la fille du général Desparville, cette aimable Adolphine qui attend toujours le retour de son père et de son fiancé, dont elle a été séparée d'une façon si brusque, si inattendue, et qui s'efforce de cacher une partie de ses peines et de montrer du courage pour consoler une pauvre mère qui souffre plus qu'elle encore, parce qu'au déclin de la vie on n'a presque plus de force pour se rattacher à l'espérance.

Rien de nouveau n'était arrivé à la laiterie, quoique plusieurs mois se fussent écoulés. Aucune nouvelle n'était parvenue ni sur le général ni sur son aide-de-camp.

Les visions nocturnes étaient devenues plus rares. Peut-être le jeune officier de hussards n'avait-il plus la permission de venir pendant la nuit contempler celles qui avaient toute son affection.

Peut-être avait-il trouvé ces visites trop dangereuses, et craignait-il de n'avoir pas toujours le courage qu'il avait montré par une nuit d'orage.

Enfin, M. Moulinard continuait de venir à la laiterie, il cherchait toujours à se procurer des tête-à-tête avec Adolphine; alors il voulait faire l'aimable, le galant; mais il ne parvenait qu'à être ridicule et ennuyeux. Il s'éloignait en se promettant de se déclarer à la première visite qu'il ferait; mais il y avait dans les jolis yeux de la jeune fille quelque chose qui retenait sans cesse sur ses lèvres l'aveu qu'il voulait lui faire.

Deux coups secs sont frappés à la porte d'entrée de la laiterie du bois de Vincennes; on ouvre presque aussitôt, et une voix criarde, aiguë, fait entendre ces mots :

— Je voudrais bien avoir pour deux sous de lait et un sou de pain, si c'était possible.

— Entrez, monsieur, répond la veuve Bloquet.

Celui qui avait parlé est bientôt dans la salle basse. Il pousse un cri de surprise en considérant les deux femmes, qui ne sont pas moins étonnées en reconnaissant le petit bossu.

— N'est-ce point un rêve !... la fille du général Desparville... et la mère Bloquet dans cette laiterie !

— C'est M. Taquinet...

— Le clerc de M. Moulinard...

— Oui, mesdames, en personne, pour vous servir, Hercule Taquinet... Oh! je ne suis pas changé; il y en a qui diraient malheureusement, mais moi, j'y suis fait, et je me trouve très-bien. Mais vous, mademoiselle Adolphine... avec des vaches et la mère Bloquet... Je n'y conçois rien... et cet air triste, cette pâleur...

— N'avez-vous donc pas appris le malheur qui m'a frappée ?

— Mon Dieu, mademoiselle, il n'y a que fort peu de temps que je sais cela. Figurez-vous que j'arrive d'Allemagne... J'arrive à l'instant *pedibus cum jambis*... ce qui veut dire que je n'allais pas en chaise de poste; cependant, me sentant fatigué, j'avais repris la diligence; je l'ai quittée à huit lieues d'ici. Ma foi, je ne pouvais plus y tenir; j'étais trop gêné. Il y avait une nourrice qui berçait son enfant sur mon dos, ça devenait très-fatigant pour moi, j'ai préféré faire le reste de la route à pied, d'autant plus que mon bagage n'est pas lourd : deux chemises, six faux-cols et trois chaussettes. Voilà tout ce qui me reste... C'est plus lourd quand je suis parti.

— Et qu'alliez-vous donc faire en Allemagne, monsieur Taquinet? dit madame Bloquet. Recueillir une succession ?

— Hélas! non; j'aurais aimé cela... J'étais allé... vous allez rire... j'étais allé pour me marier...

— Et la personne ne vous a pas plu...

— Si fait! au contraire, elle me plut assez... Mais quand je me suis retourné... bien le bonsoir... Mademoiselle Carottsmann n'a pas donné dans ce que vous savez... Et puis, j'avais avec moi un particulier qui a trouvé bon de me souffler ma future. C'est une histoire dont je vous régalerai un jour... si cela vous tente... Et voilà comment mon mariage a fondu ! Ce qui ne m'a pas empêché de rester longtemps en Allemagne, parce que j'adore la valse et la choucroute. Mais c'est trop nous occuper de moi. Serait-il vrai, mademoiselle, que le général Desparville ait été impliqué dans une conspiration?...

— Oui, monsieur, arrêté il y a six mois... Sans doute il est toujours prisonnier, et on ne lui permet pas de me donner de ses nouvelles...

— Depuis six mois, dites-vous, le général est en prison ?

— Sans doute.

Taquinet fronce son nez d'une singulière façon, en disant :

— Voilà qui est fort, par exemple! il me semble bien pourtant l'avoir rencontré en Allemagne... il y a deux mois...

— Oh! vous vous êtes trompé, monsieur; malheureusement il est prisonnier.

— Je n'ai pas cru me tromper, j'ai même voulu causer avec lui... j'avais à lui parler; mais il est parti : il allait trop vite pour moi qui étais à pied... pas moyen de le rejoindre.

— Hélas! ce n'était pas lui.

— Et son aide-de-camp ?

L'étonnement de Taquinet redouble en apprenant que Gustave a disparu en même temps que le général. Enfin, on lui conte tout ce qui s'est passé, et les deux femmes lui font un éloge pompeux de la conduite de M. Moulinard à leur égard.

Le petit bossu se tape sur le genou droit, en s'écriant :

— Mon patron, un homme généreux ! décidément, je n'y suis plus du tout! Est-ce que depuis que j'ai quitté la France il s'y serait fait des miracles? Mais, enfin, mademoiselle, vous êtes riche, vous n'avez nullement besoin des bienfaits de M. Moulinard. Le jour même où le général a été arrêté, je lui ai remis un bon de trois cent mille francs provenant de la vente de ses terres...

— J'ignorais cette circonstance, monsieur; mais alors mon père a cette somme, à moins qu'on ne la lui ait enlevée et mise sous le séquestre. Ah ! ce n'est pas sa fortune que je regrette; mais que du moins on me réunisse à mon père..... car ils ne l'ont pas tué, n'est-ce pas, monsieur ?

— Tout ceci n'est pas clair ! murmure Taquinet; n'importe, ne vous désolez pas, mademoiselle. D'abord, votre père n'est pas mort, je vous en réponds... comme de ma bosse!... Quant à partager sa captivité... ce serait peut-être difficile. J'ai toujours dans l'idée que je l'ai rencontré en Allemagne. Je parierais ma bosse contre douze sous que c'était lui qui était à Biberach.

— C'est impossible, monsieur!

— Mademoiselle, il y a des choses impossibles qui sont arrivées. Mais fiez-vous à moi... Je remuerai ciel et terre pour savoir ce que sont devenus le général et son aide-de-camp.

— Ah! monsieur, dit Adolphine, vos paroles me rendent de l'espoir... Mais, arrivant de voyage, vous devez avoir besoin de prendre autre chose que du lait.

— Ma foi, j'avoue que je mangerais volontiers un morceau... de la moindre des choses, avec un verre de n'importe quoi... si vous en avez pourtant.

La veuve Bloquet court préparer le repas du voyageur, et Adolphine sort avec elle pour l'aider. Taquinet s'étend dans un grand fauteuil, se repose avec délices et se gratte le nez, en se disant :

— Il y a une foule de mystères dans tout cela... Ces deux hommes disparus... ce notaire bienfaisant... ces trois cent mille francs dont il n'est plus question... c'est embrouillé... mais je trouverai le fil... je ne suis pas bossu pour des prunes ! Qui dit bossu, dit spirituel... Et il y a des gens qui ont l'air de nous plaindre!... Pauvres crétins! ils devraient bien plutôt nous envier !... Ah! bon... voilà de l'orage! de la pluie!... j'aime ça quand je suis à l'abri. On se dit : Les autres sont mouillés, moi, je ne le suis pas... hi ! hi ! hi!... c'est amusant! on ne mettrait pas un chien dehors.

Mais la porte d'entrée vient de nouveau de s'ouvrir, et M. Moulinard paraît avec un riflard qui fait la tulipe; car du temps du Consulat le parapluie à canne n'était point encore connu.

Le notaire entre en jurant après le temps, parce qu'il se croit seul. Taquinet se retourne, le reconnaît, et s'écrie :

— Tiens ! moi qui disais qu'on ne mettrait pas un chien dehors... et voilà le patron !

— Taquinet! dit Moulinard; mon ancien clerc !... Comment, vous voilà de retour?

— Oui, patron; il n'y a pas une heure que je suis à me reposer ici avant de faire mon entrée solennelle dans Paris... Je ne sais pas encore sous quelle porte je veux passer... il m'en faut une grande. Je suis resté un peu longtemps en Allemagne, mais je courais après une femme que je n'ai jamais pu attraper; et puis, vous m'aviez donné carte blanche.

— Vous auriez pu rester davantage, cela m'était absolument égal.

— Vous êtes bien bon, mais je connais trop mes devoirs. En arrivant à Paris, je vais sur-le-champ retourner à l'étude et me réinstaller dans ma besogne.

— Mon cher monsieur Taquinet, j'en suis bien fâché, mais votre place est occupée : j'ai pris un autre clerc, et je le garde... Il mange moins que vous, et il n'est pas bossu, c'est tout bénéfice.

Taquinet se monte sur ses pointes en s'écriant :

— Quoi! vous avez disposé de ma place! mais c'est affreux, c'est indigne ce que vous faites là!... Après m'avoir promené seize ans en me promettant de me céder votre étude.

— Je vous la céderai toujours, si vous avez des fonds... Est-ce que vous êtes marié?

Le notaire avait dit ces derniers mots d'un ton tant soit peu railleur; cela exaspère encore le petit bossu, qui, pour produire plus d'effet, se décide à monter debout sur une chaise, d'où il se met à crier en gesticulant :

— Non, monsieur, je ne suis pas marié!... vous le savez bien! vous étiez sûr que je ne trouverais pas de femme... Et me berner... mais tant mieux, après tout... Ah! je ne suis plus votre premier clerc! parbleu! n'est-ce pas une belle place pour qu'on la regrette?... logé dans un grenier, qu'il faut atteindre avec une échelle... et se coucher sans feu, sans chandelle, quand on a déjà le ventre vide...

— Monsieur Taquinet...

— Ah! vous ne m'imposerez pas silence! je ne suis plus sous votre dépendance! j'ai le droit de vous dire une foule de choses, et j'en userai.

— Qu'entendez-vous par là, monsieur?

— J'entends, d'abord, que mademoiselle Adolphine ne doit pas avoir besoin que vous lui fassiez du bien, parce qu'elle doit être riche, mademoiselle Adolphine, parce qu'elle doit avoir trois cent mille francs, mademoiselle Adolphine!...

Le notaire devient verdâtre; mais il s'efforce de cacher son trouble en répondant :

— Monsieur, vous savez bien que j'ai rendu cette somme au général; c'est vous-même qui la lui avez remise... et je possède son reçu.

— Oui, oui, je sais tout cela. C'est pour ça que je dis que mademoiselle Adolphine doit être riche... vu que son père n'a pas dû emporter son argent en prison...

— Est-ce que je le sais, moi, ce que le général a fait de son argent!... On l'a arrêté... sa fille était dans la misère, je me suis saigné pour l'en tirer.

— Vous vous êtes saigné... voilà ce qui m'étonne! vous, n'aimiez pas à être saigné. Mais, dites donc, vous n'étiez pas à sec, vous, quand je suis parti; vous aviez trois cent mille francs en caisse... juste la somme qui revient à mademoiselle Adolphine. C'est singulier, ça!

— Monsieur, cet argent n'était pas à moi; je n'en étais que dépositaire.

— Je crois que vous venez de dire une grande vérité.

— Il appartenait à un juif qui me l'avait confié.

— Un juif!... Ah! bah, je ne vous avais jamais connu de juif pour client!... Enfin, c'est égal... Le Temps est un grand maigre! comme dit cet autre... Me voilà libre... je vais me créer une position... démasquer les fripons, hein... qu'en dites-vous?... me voilà de la besogne assurée pour le restant de mes jours... Tiens, c'est drôle, vous ne riez pas!... Mes parents se sont obstinés à me faire faire mon droit, ça leur a bien réussi! j'ai envie de louer des ânes. Ce n'est pas pour vous oublier que je fais ça!... En attendant, comme on a la bonté de me proposer à souper ici, je vais manger, je vais me régaler... et ma foi, en France, il y a seize ans que ça ne m'est arrivé, juste le temps que j'ai passé chez vous. Sans adieu, patron, car j'espère vous revoir...

— Je n'y tiens pas, monsieur.

— C'est apparemment pour cela que j'y tiens, moi.

Taquinet laisse là le notaire qui est fort mécontent d'avoir retrouvé son ancien clerc dont il redoute la mémoire; mais il n'en est pas moins décidé à poursuivre l'accomplissement de son projet.

XXII.

UNE DÉCLARATION. — LE FANTOME.

Adolphine ne tarde pas à venir présenter ses devoirs à M. Moulinard, dont elle vient d'apprendre l'arrivée à la laiterie par le petit bossu qui lui a dit :

— Méfiez-vous du notaire!

— Comment!... mon bienfaiteur?

— Justement, parce qu'il joue au bienfaiteur et que ce n'est pas son emploi.

En voyant paraître celle qu'il nomme sa chère pupille, M. Moulinard fait un sourire qui atteint jusqu'à ses oreilles, puis il prend une chaise, la présente à la jeune fille, et s'assied près d'elle; tout cela se fait avec l'accompagnement du sourire, qui paraît vouloir se prolonger pendant toute la conversation qui va suivre, ce qui promet d'avance des discours bien gracieux.

— Vous êtes venu nous voir par un bien mauvais temps, monsieur? dit Adolphine.

— C'est vrai, ma belle demoiselle; mais qu'importe le temps quand on va chez les personnes auxquelles on a consacré le sien...

Moulinard ne semble pas mécontent de sa phrase. Adolphine, qui, ainsi que tous les gens d'esprit, n'aime point ce qui est prétentieux, se hâte de parler de ce qui l'intéresse.

— Et mon père, monsieur Moulinard, avez-vous eu de ses nouvelles? êtes-vous parvenu enfin à savoir quelque chose sur lui et ce pauvre Gustave?... Vous nous aviez promis d'aller au ministère de la guerre... de la police;... de voir des personnes qui approchent du premier Consul.

— J'ai été partout, ma belle demoiselle, dans tous les ministères; je me suis rendu chez une foule de grands personnages... j'ai même dépensé beaucoup d'argent : les voitures;... vous concevez qu'on ne va pas chez un grand personnage en petite tenue... et qu'alors, pour ne pas crotter mes bas de soie... j'étais en bas de soie... on prend des voitures. Mais qu'importent les frais, les dépenses, quand il s'agit de rendre service?... Ah! j'ai toujours pensé ainsi, moi! Qu'est-ce que je veux? le bien de mes amis et pas autre chose... Telle fut constamment ma manière de penser... je n'en changerai pas...

— Mais, mon père, monsieur, reprend la jeune fille avec un peu d'impatience, car elle s'aperçoit que ce monsieur parle sans cesse de lui-même et se plaît beaucoup à faire son éloge.

— Votre père!... eh mon Dieu! belle Adolphine, les nouvelles ne sont pas bonnes...

— Grand Dieu!...

— C'est-à-dire, on n'en a pas positivement de nouvelles... mais on assure que, convaincu d'avoir trempé dans une conspiration contre Bonaparte...

— Convaincu... mais c'est impossible, monsieur... il ne peut pas avoir été convaincu! Je suis bien certaine, moi, que mon père n'a jamais conspiré... lui qui adore *la petite redingote grise*;... car c'était toujours ainsi qu'il appelait le premier Consul, et quand on adore les gens, on ne cherche pas à leur faire du mal; il me semble que c'est bien clair cela.

— Allons! allons! ne nous emportons pas... Oh! quelle vivacité! quelle pétulance!...

— Mais, achevez donc, monsieur; mon père?...

— On assure, dis-je, qu'il a été condamné à une prison perpétuelle.

— O mon Dieu!... mon pauvre père! mais où?... dans quelle prison est-il?... Qu'on me permette au moins d'aller le trouver... de partager sa captivité... On ne peut pas me refuser cela, il me semble?...

— Pardonnez-moi... on n'admet aucune femme dans les prisons militaires... cela serait trop dangereux... elles y sèmeraient un esprit de rébellion.

— Et ce pauvre Gustave...

— Ah! quant à M. Gustave Bloquet, l'aide de camp du général... c'est différent... On pense que celui-là n'est pas prisonnier, vu qu'il n'était pas dans la conspiration...

— Eh bien !...

— Eh bien, alors, puisque depuis six mois on n'a aucune nouvelle de lui, c'est que probablement il est mort...

— Mort !... ô monsieur, que dites-vous là ?...

— Je suis désolé de vous faire de la peine... mais nous sommes presque tous mortels.

— Oh non, monsieur, je suis sûre, moi, que Gustave n'est pas mort.

— En ce cas, puisqu'il ne revient pas près de vous et de sa mère, c'est que probablement il se trouve mieux ailleurs : ceci est assez logique, qu'en pensez-vous ?

Adolphine ne trouvait rien à répondre et tenait ses regards baissés vers la terre ; car lorsqu'on a de grandes peines, c'est toujours vers la terre que l'on tourne ses yeux, comme si c'était une consolation de regarder le seul endroit où la douleur ne pourra plus nous atteindre.

En ce moment Taquinet revient dans la salle, une serviette à la main et la bouche pleine, en s'écriant :

— Madame Bloquet demande si le bienfaisant M. Moulinard couche ici, car alors elle lui préparerait un lit un peu moelleux...

— Non, non, je retournerai à Paris, répond le notaire avec humeur.

— Ah ! c'est différent... pardon de vous avoir interrompu, vous causiez avec mademoiselle... Vous avez quelque chose à lui dire...

— Apparemment.

— Vous avez peut-être aussi quelque chose à lui remettre... Dame ! on ne sait pas, quelquefois...

Le notaire crispe ses doigts, en murmurant :

— Monsieur Taquinet, voulez-vous bien nous laisser...

Le petit bossu se met à rire, en répondant :

— Ah ! ah ! ma présence vous gêne ?... Je conçois... c'est juste... Je vais retourner manger, j'ai encore faim... C'est étonnant comme mon appétit se développe ; depuis que je ne suis plus chez M. Moulinard, je me fais des bosses... Ma foi, tant pis !... une de plus ou de moins, quand on y est... on ne fera pas attention. Et puis je couche ici, moi ; on m'a offert un abri pour cette nuit... j'ai accepté... un petit coin, le premier venu... Par conséquent, je puis laisser ma valise... ma petite valise dans cette salle, d'autant plus que chez la veuve Bloquet on peut être tranquille ! rien ne s'y perd, ne s'y égare ; ce n'est pas comme chez beaucoup de gens que je connais. Sans adieu, patron ! Ah ! que je suis bête ! patron, c'est par habitude que je dis ça ; mais depuis le temps que je suis à table, je devrais pourtant bien voir que je ne suis plus chez vous.

Puis, sans attendre de réponse, Taquinet salue et s'éloigne ; mais en passant contre Adolphine il trouve encore moyen de lui dire tout bas :

— Méfiez-vous de cet honnête homme-là ! il n'en faudrait pas une douzaine pour faire un voleur.

— Enfin, murmure le notaire, lorsque le petit bossu est parti, et s'adressant à Adolphine : Mademoiselle, permettez que nous parlions maintenant d'affaires majeures, d'affaires sérieuses !... Votre position dans cette maisonnette n'est pas encore convenable pour la fille de ce brave général Desparville ; il faut que vous habitiez Paris, que vous ayez une maison montée... des domestiques à vos ordres...

— Oh ! monsieur Moulinard, vous êtes trop bon ! s'écrie Adolphine, mais je vous assure que je me trouve fort bien ici, avec cette bonne maman... que je console... tant que je peux, et qui tâche de me consoler aussi. Vous avez bien assez fait pour moi, et j'en serai sans cesse reconnaissante.

— Pardonnez-moi, charmante fille, cette position n'est point encore digne de vous. Vous aurez tout ce que je viens de vous dire... vous brillerez dans le monde...

— Moi, pauvre fille !... sans parents... qui n'a que vous pour protecteur...

— Oh ! j'ai trouvé un moyen parfait pour assurer votre sort... Vous concevez bien que le titre de protecteur est trop vague... vous ne pouvez pas venir demeurer chez un protecteur jeune... car je suis encore assez jeune... mais vous pouvez parfaitement venir habiter chez votre mari ; aussi est-ce ma main que je vous offre...

— Votre main !... votre main !... Comment, monsieur Moulinard, vous voulez m'épouser ?... Et Adolphine se met à rire, ce qui ne lui était pas arrivé depuis bien longtemps ; mais elle ne pouvait se figurer que le notaire, qui lui faisait l'effet d'un corbeau, pût avoir l'idée de devenir son mari.

Moulinard ne sait pas trop comment il doit prendre l'éclat de gaieté que sa proposition vient de provoquer. Il se décide à en être flatté, et tâche de rire aussi en répondant :

— Eh ! oui... eh ! eh ! eh !... oui, charmante fille, je veux être votre mari, hi ! hi ! hi !... nous ferons un ménage ravissant !... D'abord je suis doux comme un mouton qui n'a jamais été tondu... je ferai toutes vos volontés...

— Ha çà, monsieur Moulinard, c'est pour plaisanter que vous me dites cela, n'est-ce pas ?

— Non, belle demoiselle, je parle fort sérieusement. Je vous épouse, et qui plus est, en vous épousant je vous reconnais un douaire considérable ; de plus, j'achète cette laiterie et je la donne en toute propriété à cette vieille Bloquet pour qu'elle soit à l'abri de la misère...

— Ah ! monsieur, vous êtes bien bon de penser toujours à notre sort à venir... mais vous savez bien que tout cela ne peut pas se faire. D'abord j'aime Gustave, et c'est lui que je dois épouser.

— Mademoiselle, votre M. Gustave est mort, ou vous a oubliée pour une autre. Dans l'un ou l'autre cas, il ne vous épousera pas...

— Je ne puis croire cela ; mais si Gustave m'était infidèle, ce ne serait pas une raison pour que je l'imitasse ; il ne faut pas suivre les mauvais exemples. Ainsi, monsieur, ne pensez plus à tout ce que vous venez de me dire...

Le notaire se mouche, sort sa tabatière de bergamote de la poche de sa veste, hume une prise et répond :

— Mademoiselle, il faut que vous deveniez ma femme... cela est indispensable pour votre bonheur ; vous ne pouvez me refuser... J'ai préparé notre contrat, et demain je viendrai vous l'apporter à signer.

Adolphine, qui n'a plus envie de rire, s'écrie :

— Ne faites pas cela, monsieur, ce serait inutile ; je vous répète que je ne veux pas être votre femme.

Le notaire se pince les lèvres et répond d'un ton un peu moins sucré cette fois :

— Mademoiselle, je m'étonne que dans votre position vous refusiez l'offre de ma main ; mais comme cette union assurera à jamais ma félicité, je dois vous dire que si vous me refusiez, je serais forcé de vous regarder comme fort ingrate envers moi, et comme il n'est pas nécessaire d'obliger continuellement des ingrats, je ne pourrais plus rien faire pour vous et la mère Bloquet, et vous prierais de quitter incontinent cette maison... Vous êtes jolie, mademoiselle, vous trouverez facilement d'autres protecteurs ; mais quant à la ci-devant vivandière, mère de M. Gustave, comme elle est vieille et presque impotente maintenant, elle pourra bien mendier son pain dans les rues ou se chercher une place à l'hôpital.

— O mon Dieu !... quel affreux tableau me faites-vous là !... Mais c'est pour m'effrayer, n'est-ce pas, monsieur Moulinard, vous ne nous chasserez pas d'ici ?...

— Si vous refusez de devenir ma femme, je serai obligé de faire comme je viens de vous le dire, belle demoiselle ; c'est une chose arrêtée, et je ne reviens jamais sur ce que j'ai projeté.

— Mais, monsieur, si je vous épouse, je vous rendrai très-malheureux, je ne vous aimerai pas du tout... Je vous ferai enrager toute la journée, d'abord !

— Oh ! que ceci ne vous arrête pas, vous avez un petit caractère gai et mutin que j'adore...

— Si je vous épouse, monsieur, je ne serai plus gaie ; au contraire, je pleurerai continuellement.

— Les larmes doivent vous embellir aussi, mademoiselle ; je pleurerai avec vous, si cela peut vous être agréable.

— Ah ! monsieur... je m'étais bien trompée ! je vous croyais bon, généreux, mais je vois que vous êtes un méchant homme.

— Mademoiselle, je reviendrai demain avec le contrat, pour avoir votre réponse définitive...

— Oh ! je ne consentirai jamais à devenir votre femme.

— La nuit porte conseil. A demain, mademoiselle.

Le notaire, reprenant son chapeau et son parapluie-riflard, salue profondément la jeune fille, et s'éloigne en disant :

— Il faudra bien qu'elle finisse par consentir ; elle ne voudra pas voir la mère Bloquet manquer de tout, et ma foi ! si le général reparaît un jour, ce que je ne crois guère, qu'est-ce qu'il aura à me reprocher ? Il voulait donner les trois cents mille francs en dot à sa fille... Eh bien ! puisque j'épouse sa fille, j'ai donc le droit de garder les trois cent mille francs : il n'y a pas la plus petite objection à faire à cela.

Adolphine ne pleurait pas, car elle avait un courage au-dessus de son âge, mais elle était bien triste, bien abattue, lorsque la veuve Bloquet vint la rejoindre après le départ du notaire. Elle demande à celle qui est devenue sa fille la cause de sa douleur; et Adolphine lui conte son entretien avec M. Moulinard. La mère de Gustave ne peut revenir de sa surprise, elle avait cru le notaire un bon homme.

— S'il nous chasse d'ici, que deviendrons-nous? dit Adolphine.

— Nous travaillerons ; mon enfant, la Providence ne nous abandonnera pas... Et d'ailleurs mon fils ne sera pas toujours absent... Le général nous sera rendu !

— Hélas ! il y a six mois que nous attendons en vain !...

— Mon Dieu ! comme vous avez l'air tristes, mesdames, dit le petit bossu qui vient de venir dans la salle basse. Ça ne peut pas être le départ de mon ci-devant patron qui vous afflige, ou ça m'étonnerait extrêmement.

Adolphine apprend à Taquinet le sujet de leur tristesse. Le bossu se donne une claque sur le genou, en s'écriant :

— Là, qu'est-ce que je vous avais dit? des méchancetés, des noirceurs ! j'en étais sûr... Ce pleutre ! ce fesse-mathieu, qui veut s'allier à la fille d'un brave... Fi donc... est-ce que les hiboux épousent les colibris ! est-ce que les éperviers vont se mettre dans le nid des fauvettes ! Mais séchez vos larmes ! ce mariage ne se fera pas, et on ne vous chassera pas d'ici... je vous défendrai, je vous protégerai... je ne sais pas comment, c'est égal ; ayez confiance. Ma personne ne vous en inspire peut-être pas beaucoup, mes amis, ça ne se mesure pas à la taille, les plus petits sont quelquefois les meilleurs. Il y a un proverbe qui dit : Dans les petites boîtes les bons... Enfin suffit... Mais je suis très-las et je voudrais bien me coucher... dans le premier coin venu...... je ne suis pas difficile !

On conduit le petit bossu dans une petite chambre où il y a un lit, et Taquinet, enchanté, s'écrie qu'il va, jusqu'au lendemain, ronfler comme son semblable.

La nuit était venue, la journée avait été fatigante pour les deux femmes. La mère de Gustave habitait une pièce située au bout d'un petit corridor, la chambre d'Adolphine venait ensuite.

Les deux amies s'embrassèrent tendrement, et, en se quittant pour aller se livrer toutes deux au sommeil, se dirent :

— Si le revenant pouvait venir cette nuit, il nous donnerait peut-être un bon conseil.

La vieille mère est rentrée dans sa chambre, Adolphine est seule dans la sienne. Mais trop d'émotions l'ont agitée pour qu'elle puisse espérer goûter du repos. C'est lorsqu'on en aurait le plus besoin qu'il semble nous fuir. L'eau va toujours à la rivière, et le sommeil va trouver ceux dont l'âme est en paix.

La jeune fille ouvre sa fenêtre qui donne sur le bois. Le calme de la nuit repose, et, à défaut de sommeil, on peut du moins se procurer ce repos-là. Adolphine pense à son père, qu'elle voudrait tant embrasser, à Gustave, qu'elle eût été si heureuse de nommer son époux. Les heures s'écoulent. Minuit sonne : c'est le moment des revenants; Adolphine se met à genoux dans sa chambre, devant sa fenêtre, et levant les yeux au ciel, lui adresse avec ferveur ces mots :

— Mon Dieu !... si vous permettez que ceux que nous aimons viennent nous consoler dans nos rêves, accordez-moi encore un de ces rêves-là, que cette nuit, en songe, je puisse me croire près de ceux que j'aime tant !

Après avoir fait cette prière, la jeune fille se dispose à se mettre au lit, lorsqu'un léger bruit provenant du jardin attire son attention. Elle écoute, il lui semble que quelqu'un marche très-vite ; bientôt le bruit approche, on se dirige vers la maison. Adolphine est très-émue, et pourtant ce n'est point de la frayeur qu'elle éprouve. Les pas retentissent dans le corridor, on va droit à la chambre de la mère de Gustave.

— Oh! c'est le fantôme ! se dit Adolphine, c'est lui ! bien sûr... Il va voir ma bonne mère, et ensuite il viendra ici... Mais pourtant... un fantôme... un rêve... cela ne marche pas... Ceci est donc une réalité... c'est donc vraiment un jeune homme qui vient d'entrer chez nous... Mon Dieu ! qu'est-ce que cela veut dire... et que dois-je faire?

La jeune fille est partagée entre la crainte et un sentiment qu'elle ne peut s'expliquer. Mais Adolphine tenait de son père, elle était brave, et elle veut absolument connaître la cause du bruit qu'elle t entendu. Ouvrant sa porte presque toute grande, elle se cache derrière et attend, persuadée que l'on viendra aussi dans sa chambre

En effet, au bout de quelques minutes, on marche de nouveau on sort de chez la pauvre mère et l'on approche à petits pas de l chambre de la jeune fille ; celle-ci a éteint la chandelle, mais la lun éclairait une partie de la pièce, assez pour que l'on pût reconnaître les personnes.

Le fantôme est entré doucement, il s'st approché du lit de la jeune fille, il s'est penché comme pour la voir dormir; mais un cri part au même moment derrière lui : c'est Adolphine qui est tombée à genoux et murmure :

— Gustave... mon ami... si c'est ton ombre qui revient pour nous voir, tu ne me feras pas de mal... oh!... non... je suis bien sûre que ceux qui nous aimaient de leur vivant nous aiment encore même quand ils ne sont plus !

— Adolphine! s'écrie le fantôme, et au même instant la jeune fille, à demi évanouie, se sent soutenue par le bras de Gustave. Elle le regarde, elle presse ses mains dans les siennes, elle ne sait si elle doit en croire ses yeux ; elle balbutie :

— Mon Dieu !... est-ce un rêve?... Gustave, est-ce vous?... ah ! parlez-moi, dites-moi que vous n'êtes pas un revenant !

— Non, chère Adolphine, répond Gustave, ce n'est point un rêve : j'existe, je suis près de vous...

— Vous existez !... et vous ne nous donniez pas de vos nouvelles... et vous laissiez votre mère dans les larmes... dans la douleur?...

— Ah! si j'ai fait cela, mademoiselle, c'est qu'un serment sacré m'y obligeait... c'est que mon honneur... la vie de deux autres personnes étaient attachés à mon silence... Le hasard vous a fait me surprendre, car je croyais vous trouver endormie, comme cela m'est arrivé plusieurs fois... Maintenant... il faut bien que je vous dise toute la vérité... mais jurez-moi aussi que vous ne trahirez point ce secret.

— Je vous le jure, Gustave.

S'asseyant près de la jeune fille, Gustave lui fait alors à voix basse le récit suivant :

— Vous vous rappelez le jour fatal où l'on vint arrêter votre père ; on le conduisit au donjon de Vincennes où je l'accompagnai ; là, le général me dit :

— Je suis compromis gravement pour une maudite lettre que j'ai écrite à Dorbecourt, mais si j'avais la réponse qu'il a faite à ma lettre, mon innocence serait aussitôt reconnue, car, dans sa réponse. le major refusait positivement mes services, en me disant qu'il ne pouvait point accepter d'argent d'un homme qui ne pensait pas comme lui, et d'un admirateur de Bonaparte.

— Eh bien! m'écriai-je, où est cette lettre, l'auriez-vous brûlée?

— Non, je suis sûr de ne point l'avoir brûlée.

— Qu'en avez-vous fait alors?... il faut absolument la trouver ! Votre père se gratta le front, jura, et s'écria :

— Je ne peux pas me souvenir de ce que j'en ai fait.

Le lendemain, le général parut devant un conseil, il cita pour sa défense le major. On lui dit :

— Montrez-nous cette lettre, car on a visité tous vos papiers à Paris et à Saint-Mandé, et l'on n'y a point trouvé cet écrit si important pour vous.

Mais votre père ne pouvant montrer cette lettre du major, le conseil suspendit son jugement, et renvoya le général dans sa prison. J'allais le quitter pour retourner près de vous, mademoiselle, lorsque le général me dit tout d'un coup, en se frappant le front :

— Je sais où est cette maudite lettre... dans un portefeuille que j'ai laissé en Allemagne...

— Enseignez-moi l'endroit... nommez-moi les personnes, m'écriai-je, et je cours chercher ce précieux papier. Le général secoua la tête en me répondant :

— Impossible à un autre qu'à moi de trouver l'endroit... la maison où cette aventure m'est arrivée... C'était aux environs de Munich... un soir... j'étais un peu en ribotte... nous entrâmes chez un bourgeois... je jouai... je perdis... Bref, je jouai jusqu'au portefeuille... et je perdis... Il y avait dedans mille francs, et de plus la lettre du major... Oh! oui, j'en suis certain maintenant... mais désigner le lieu.,.. l'endroit... impossible... seul je reconnaîtrais cette maison !...

— Eh bien ! lui dis-je, il faut que vous partiez, que vous alliez vous-même en Allemagne chercher votre portefeuille.

— Tu oublies que je suis prisonnier.

— Je tiendrai votre place. Vous êtes homme d'honneur, le commandant du donjon est votre ami, il vous connaît, il sait que vous reviendrez.

En effet, mademoiselle, nous fîmes appeler le commandant, nou lui contâmes tout. L'affaire du général était remise indéfiniment, était probable qu'on ne s'occuperait pas de lui de longtemps. Le commandant consentit à ce que je restasse à la place de son prisonnier, mais après m'avoir fait jurer sur l'honneur que je ne donnerais de mes nouvelles à personne, pas même à ma mère ni à vous ; de son côté, le général lui fit le même serment, et il partit espérant être tout au plus quinze jours absent.

— Bon Gustave ! il serait possible... vous étiez en prison pour mon père... je vous accusais... Mais comment, depuis six mois, n'est-il pas revenu ?...

— Je l'ignore ; mais je suis bien certain qu'il n'y a point de sa faute ; sans doute des obstacles insurmontables l'auront retenu. Moi, je savais par le commandant que vous habitiez ici... tout près de ma prison ; c'est ce qui m'enhardit à lui demander une grâce, celle de sortir pendant la nuit, d'avoir une heure, rien qu'une heure de liberté pour embrasser ma mère pendant son sommeil. Il me l'accorda à condition que je ne me montrerais pas... que je ne vous parlerais pas... Vous savez tout maintenant, vous connaissez la cause du mystère dont je m'enveloppais...

— Ah ! Gustave... que je suis heureuse de vous savoir vivant et si près de moi !...

— L'heure va s'écouler... il faut que je vous quitte.

— Déjà ?

— Je ne dois pas compromettre le commandant ; il est fort inquiet pour demain...

— Que doit-il donc arriver demain ?

— Bonaparte, qui vient encore de battre l'ennemi, est revenu à Paris, et demain il passe une grande revue à Vincennes devant le château. Si le premier Consul allait se rappeler votre père et demander à le voir...

— O ciel ! est-ce que vous seriez puni, vous ?...

— Je l'ignore ; mais le commandant serait perdu, car Bonaparte est inflexible sur tout ce qui regarde la discipline.

— Ah ! Gustave, vous me faites trembler. J'avais encore bien des choses à vous apprendre... au sujet de M. Moulinard, qui veut m'épouser !

— Vous épouser !

— Oh ! soyez tranquille ! je n'y aurais jamais consenti lors même que je doutais de votre existence ; jugez si je le voudrais à présent !

— Chère Adolphine ! et il faut vous quitter ; mais le temps s'écoule... Adieu donc... je vais courir jusqu'à ma prison... et vous... consolez ma mère...

La jeune fille n'ose pas retenir son fiancé qui s'éloigne vivement, regagne le jardin, et saute lestement par-dessus le petit mur qui touche au bois.

XXIII

LE PREMIER CONSUL.

Le lendemain, de grand matin, les habitants de la laiterie sont éveillés par le bruit des tambours, du clairon, de la trompette ; les troupes arrivaient de tous côtés pour la grande revue qui allait avoir lieu ; on savait que le premier Consul en personne devait la passer, et le plus vif enthousiasme régnait dans les rangs des soldats, enchantés de voir celui qui venait de conduire les Français à la victoire. Parmi les bourgeois et les paysans l'ivresse n'était pas moins vive ; les villageois avaient quitté leurs champs, leurs travaux ; les habitants étaient tous en l'air comme pour un jour de grande fête, et, en effet, c'en était un de voir Bonaparte.

Adolphine n'avait guère dormi, comme on le pense bien ; dès le point du jour elle avait été trouver la bonne mère Bloquet, et lui avait conté tout ce qui lui était arrivé pendant la nuit. Ce n'était pas tenir très-religieusement le serment qu'elle avait fait à Gustave, mais elle s'était dit qu'une mère ne devait jamais être comprise dans le nombre des personnes pour lesquelles on doit garder un secret. Ce raisonnement n'était pas bien juste peut-être, mais il est tout à fait dans la nature.

La mère de Gustave s'était sentie rajeunie de dix ans en apprenant que son fils existait. Puis les deux femmes s'étaient bien promis d'aller à la revue, non pas précisément pour voir Bonaparte, mais pour tâcher d'avoir des nouvelles, de savoir si le premier Consul devait visiter les prisonniers de Vincennes.

Enfin, en entendant le bruit des tambours, des trompettes, en apprenant qu'il allait y avoir une revue, le petit bossu avait fait un bond de joie, et s'était écrié :

— Quel bonheur !... le premier Consul y sera ! moi qui ai toujours désiré le voir de près, et qui n'ai jamais pu apercevoir que le bout de son chapeau... une simple corne. Oh ! cette fois, je le verrai, dussé-je pour cela monter sur les épaules de tout le monde... On s'appuie assez souvent sur ma bosse, ce ne sera qu'un rendu pour un prêté.

Tandis que ceci se passait au bois et au village, le commandant de la forteresse était inquiet, soucieux, et Gustave partageait ses tourments, car le général Desparville, celui qui n'avait jamais manqué à sa parole, n'était point revenu prendre dans la prison la place qu'un autre occupait pour lui. Un secret pressentiment disait au commandant que le premier Consul voudrait voir son prisonnier, et alors il était perdu, déshonoré.

Tout à coup, sur les huit heures du matin, un homme à cheval, couvert de sueur et de poussière, arrive au grand galop jusque dans les cours du château, où on ne laisse pénétrer, croyant qu'il est porteur d'ordres pour la revue. Cet homme saute à bas de son cheval, il demande à voir le commandant. Celui-ci arrive et pousse un cri de surprise, de joie. C'est Desparville qui est devant lui. Il se hâte de le faire passer dans une pièce où ils sont seuls, alors le général se jette dans ses bras en lui disant :

— Me voici... c'est moi... sacré mille bombes ! vous m'avez cru frit, n'est-ce pas, vous autres ? et au fait ! plus de six mois pour faire un voyage de douze jours, c'est un peu abuser de la permission. Encore ne serais-je arrivé que ce soir, si je n'avais pas appris, à dix lieues d'ici, que la petite redingote grise passait une revue ce matin à Vincennes ; alors, je me suis dit : Bigro ! une revue, il faut que j'y sois, sans quoi, mon pauvre vieux commandant pourrait avoir du tintoin rapport z'a moi. Et là-dessus, remontant à cheval, quoique déjà éreinté, j'ai donné de l'éperon... si bien que ma pauvre bête en crevera, ou ça m'étonnerait bien... Enfin, j'arrive encore à temps, n'est-ce pas ?... c'est l'essentiel. Mais Gustave, ce pauvre Gustave ! il doit avoir moisi en prison... et c'est pour moi... Je voudrais bien l'embrasser !...

Le commandant se hâte de conduire le général près de Gustave, qui se précipite sur son cœur, et commence par lui donner des nouvelles de sa fille ; puis s'écrie : — Eh bien, général... vous rapportez enfin cette lettre qui prouve votre innocence ?...

— Je ne rapporte rien du tout !... — Grand Dieu ! — Vous me direz que ce n'était pas la peine alors d'être si longtemps absent... mais, si je n'avais pas toujours espéré retrouver ce chien de portefeuille... Mille cartouches... ai-je couru après... c'est-à-dire après celui qui devait l'avoir !... Il faut vous dire que l'animal avec qui j'ai joué avait quitté sa demeure... que j'avais eu diablement de peine à retrouver : c'était un Allemand... un nommé Bettmann... Roulmann... Trottmann... est-ce que je sais ; ils ont des noms à disloquer la mâchoire. Enfin, on me dit : Votre homme vient de partir pour tel endroit. J'y cours... Bon, il n'y était plus... et il me faut le chercher autre part... et toujours obligé d'user de précaution quand je rencontrais des Français ; car on n'aurait pas manqué de dire : Tiens, Desparville, qui est prisonnier, et qui se promène en Allemagne ; c'est commode. Pour me racheter, en galopant la nuit après mon Roulmann... Doguemann !... je fis une chute de cheval et me cassai une jambe ; alors je fus obligé de rester près de deux mois sur le dos. Je n'ai pas besoin de vous dire combien j'enrageais. Quand je fus guéri, on ne savait plus où dire ce qu'était devenu mon Droguemann. Alors je me dis : Assez d'amour ; ça pourrait me tenir comme ça dix ans ! il faut revenir au quartier ; et là-dessus j'ai rebroussé chemin et me voici... A présent je sais que ma fille se porte bien, je suis heureux ; et toi, Gustave, tu vas retourner près d'elle et l'épouser de suite...

— Quoi ! général... vous voulez que je vous quitte !

— Il y a fichtre bien assez longtemps que tu es en prison, mon ami, tu dois connaître toutes les araignées du donjon... Mais quel bruit... quels cris ?...

— C'est le premier Consul qui arrive...

— Allez à vos affaires, commandant, et toi, Gustave, près de ma fille... Quant à moi, mes enfants, on sait désormais où me trouver... et, ma foi, arrive qui plante, faut pas se désoler d'avance...

Gustave a obéi à son général, il quitte le château et se hâte de se rendre à la laiterie ; mais en route il rencontre sa mère et Adolphine qui venaient voir la revue. Il n'est pas besoin de dire quelle est la joie de la pauvre mère en retrouvant son fils, et celle d'Adolphine en apprenant que son père est de retour. Cette joie est tempérée cependant par le chagrin que l'on a d'apprendre que son voyage a été inutile.

Mais de tous côtés on court, on se pousse, on se presse. Le premier Consul est sur la route de Vincennes, entouré de son état-major, beaucoup plus brillant que lui, qui cache toujours une partie de son uniforme sous sa modeste redingote grise. Bonaparte n'en est pas moins admiré de tous ; c'est à qui pourra mieux le voir, le contempler ; et de ceux qui s'agitent pour cela, on doit penser que le petit bossu n'est point un des moins actifs.

Taquinet court dans le bois de Vincennes comme s'il jouait aux barres ; il va de l'un à l'autre en demandant :

— Passe-t-il par ici... est-ce de ce côté qu'il prend... tournera-t-il à droite ou à gauche ?... Sapristi, si je ne le voyais pas aujourd'hui, je ne me le pardonnerais jamais !... Je suis capable de monter sur un arbre... je grimperais sur un mât de cocagne pour voir ce grand capitaine !... je dis grand... ce n'est pas de taille, mais ça me fait plaisir qu'il ne soit pas très-grand... c'est fièrement flatteur pour les petits hommes quand il se trouve des gaillards de cette étoffe-là dans leurs rangs.

Cependant le monde arrivait en foule de tous côtés. En passant à travers un massif d'arbres pour se trouver plus vite près du château, le petit bossu se jette dans un monsieur et une dame qui prenaient le même chemin.

— Eh ! sandis ! mon cher, prenez donc garde, s'écrie le monsieur en ramassant son chapeau que Taquinet vient de jeter à terre. Est-ce que vous avez un bandeau sur les yeux comme Cupidon.

Au son de cette voix, à cet accent bien connu de lui, Taquinet examine le personnage qui vient de lui parler et reconnaît son ancien compagnon de voyage, le beau Floridor, qui porte encore son balandras garni de poil de lapin, et donne le bras à une dame qui n'est autre que la grosse Allemande aux cheveux rouges.

La toilette du monsieur et de la dame est loin d'annoncer une position brillante, et à la manière dont les deux époux se tiennent le bras l'un et l'autre, il est facile de deviner que la lune de miel est déjà passée pour eux.

— C'est mon faux marquis ! s'écrie Taquinet en allant se placer devant Floridor.

— Eh ! tiens ! c'est ce cher ami Taquinette !... Bonjour, mon bon, répond Floridor en prenant sur-le-champ un air aimable.

— Oh ! votre bon... je l'ai trop été, monsieur le farceur... car je connais maintenant toutes vos roueries... Votre soi-disant duel... avec le milord Pour rire... je sais tout ; du reste, j'avoue que je n'ai pas été fâché d'apprendre que vous n'étiez qu'un marquis de théâtre. Cela a dû un peu mortifier madame, lorsqu'elle a su que son époux n'était qu'un seigneur de contrebande.

Pour toute réponse, Edwige jette sur le bossu un regard colère, et tire Floridor par le bras en murmurant :

— Eh bien, monsieur, est-ce que nous n'avançons pas ?... est-ce que nous allons rester là ?

— Si, madame ! si, nous avançons, répond le bel homme d'un air très-peu engageant ; puis il se tourne vers Taquinet, et lui dit :

— Tenez, mon bon, il ne faut pas m'en vouloir... J'avoue qué je vous ai coupé l'herbe sous le pied... mais, cadédis ! je croyais que cette herbe-là était du sainfoin, de la bonne luzerne ! et ce n'était que du chiendent... pas autre chose, et du chiendent bien amer !

— Qu'entendez-vous par là, faux marquis ?

— Eh, pardieu, j'entends qu'au lieu des quatre-vingt mille livres en espèces que l'on se vantait de posséder, je n'ai trouvé chez mademoiselle Carottsmann que des dettes, un caractère insupportable et une vertu horriblement endommagée !

— Ah, bah !... il serait possible...

— Oui, mon petit, j'ai été carotté, voilà le mot... J'aurais dû me méfier d'après le nom que ma sensible amie portait ; si bien qué, loin de faire le seigneur en Allemagne, j'ai été obligé de m'en revenir bien vite en France avec ma tendre moitié pour né pas être appréhendé au corps par ses créanciers.

— Alors mon cousin Robinet voulait donc me mettre dedans, moi ?

— Il vous en veut peut-être parce que vous avez introduit des bosses dans sa famille. Après cela, il a pu être trompé par madame, qui est une fine matoise...

— Oh ! ma foi, s'il en est ainsi, je ne vous en veux plus, marquis ; au contraire, c'est un service que vous m'avez rendu... et pour vous en remercier je vous donne quittance de ce que vous me devez, d'autant plus que je suis persuadé que vous ne me paieriez pas.

— Jé n'entends pas cela, mon bon !... jé vous paierai... jé vous paierai triple même... Nous allons entrer à l'Opéra-Comique de Paris ; ma douce moitié a une voix dé contralto assez nourrie, je vais la faire engager, elle jouera les duègnes en chef et sans partage.

— Le plus souvent que je jouerai les duègnes et que je m'engagerai à un théâtre ! dit Edwige en haussant les épaules. Je ne veux pas être actrice, moi.

— Il faudra pourtant l'être, ma mignonne, reprend Floridor en reprenant le bras de sa femme et en le tenant très-ferme sous le sien. Vous ferez les duègnes... jé vous apprendrai à chanter l'opéra-comique, et quand vous n'irez pas bien, sandis, jé vous accompagnerai avec une petite basse roulante qui vous forcera bien à roucouler !..... Ah ! maisss !...

Edwige Carosttsman fait un mouvement furibond, comme pour se dégager, mais le beau Floridor ne la lâche pas ; les deux époux se regardent comme un chien et un chat qui n'ont jamais vécu ensemble. En ce moment, des cris qui se rapprochent annoncent l'arrivée du premier Consul.

— Adieu, couple intéressant, dit Taquinet, je ne veux pas manquer Bonaparte ; je vous laisse à vos tendres amours, enchanté de ce que le destin ait réuni deux cœurs si bien faits pour s'adorer.

Et le petit bossu se remet à courir en se disant :

— Voilà un homme que j'accusais ! que je maudissais... et je lui dois le bonheur et la liberté !... O Providence ! pardonne-moi d'avoir blasphémé contre toi... mais les humains sont aveugles, et ce que tu fais pour notre bien est souvent ce dont nous te savons le moins de gré... Ah ! nom d'un petit bonhomme... le voilà... il passe là-bas...

Poussant, repoussant chacun, donnant des coups de poing et des coups de coude pour se faire faire place, Taquinet est parvenu à se faufiler dans le beau milieu de la foule, à l'endroit où elle est le plus compacte, tout près des soldats ; mais alors on entend sa voix aiguë qui crie :

— Ah ! sapristi, j'étouffe !... qu'est-ce que ça veut dire de presser comme ça un individu... si on ne me fait pas de place, je vais mordre des mollets ! je vais mordre n'importe quoi...

— Qui est-ce qui jappe là-dessous ? dit un grand homme placé devant le petit bossu.

— C'est quelqu'un qui n'a pas peur de toi, grand géant !... Parce qu'ils sont hauts comme des asperges, ils font leur embarras. Ah ! mon Dieu ! c'est pas bien difficile d'être grand ? je n'ai qu'à acheter une paire d'échasses... Qui est-ce qui me soulève un peu ? ça va voir le premier Consul, sapristi ! Ah ! on va aplatir ma bosse si ça continue... Ah ! vous poussez, vous autres... moi, je pince, j'égratigne, tant pis... Ils seraient capables de marcher sur moi, tous ces bœufs-là !

Le petit bossu se démène tant que le grand homme placé devant lui, fatigué de se sentir pincer, se baisse, prend Taquinet dans ses bras, l'enlève et le jette au hasard devant lui. Taquinet a été rouler dans les rangs d'une compagnie de grenadiers qui n'ont pas le temps de le chasser, parce que Bonaparte va passer devant eux ; d'ailleurs, le petit bossu leur dit :

— Camarades, ne vous occupez pas de moi... Je vous assure qu'on ne verra pas que vous avez quelqu'un dans vos rangs... vos gibernes me cachent parfaitement.

Cependant, le premier Consul vient de s'arrêter. Après avoir complimenté les troupes sur leur belle tenue, il vient de donner des ordres, et bientôt le général Desparville est amené devant lui.

— Eh bien ! dit Bonaparte au général, avez-vous enfin cette preuve de votre innocence dont vous parliez toujours ? Il me semble que je vous ai laissé le temps de vous la procurer.

— Non... mon Consul, je ne l'ai pas... répond Desparville. J'ai perdu en Allemagne le portefeuille qui la renfermait... et on n'a pas pu le retrouver...

En ce moment la voix aigre du petit bossu fait entendre ces mots :

— Je l'ai, moi, le portefeuille... mon cousin Robinet me l'avait donné pour le rapporter en France au général... Pardon..... Sire..... premier Consul... Votre Excellence... Voilà Bonaparte ! voilà le portefeuille.

Au même instant, une main, qui paraissait à la hauteur des genoux des grenadiers, tendait un portefeuille qu'un officier s'empresse de prendre pour le remettre au général. Celui-ci pousse un cri de joie et présente enfin à Bonaparte la lettre qui prouve son innocence.

Après avoir lu cette lettre, le premier Consul tend sa main à Desparville en lui disant :

— On vous avait calomnié, mais je réparerai mon erreur... Vous êtes général de division.

Et Desparville presse avec effusion la main de Bonaparte en s'écriant :

— Envoyez-moi au feu! vous verrez que je suis toujours bon là... et que je ne boude pas!

— Vive le premier Consul!... vive Bonaparte!... Ah! crédié, camarades, je vais être assommé par vos gibernes... laissez-moi sortir de vos rangs, sapristi!... ou donnez-moi un bonnet de grenadier comme à vous; seulement je monterai dessus.

En disant cela, Taquinet parvient à se retirer d'entre les jambes des soldats. Il arrive près de ceux qui étaient alors si heureux : le général était dans les bras de sa fille, Gustave dans ceux de sa mère. Mais à quelques pas de là, un homme faisait ombre à ce tableau : c'était Moulinard, qui, consterné du retour du général, a pris enfin son parti et se hâte de lui dire :

— Général... vos trois cent mille francs sont à votre disposition... Je n'avais parlé de ce précieux dépôt à personne... J'attendais vos ordres...

— Je crois qu'il espérait les attendre toujours... murmure Taqu mais le notaire se tournant vers celui-ci, lui dit :

— Vous voyez que je suis un honnête homme.

— Touchez là, répond le petit bossu... je ne vous confierai ja d'argent.

Quelque temps après, Gustave épousait son Adolphine et Taqu était de la noce, et il y dansait comme un cabri.

Après le service qu'il avait rendu au général Desparville, cel avait voulu l'attacher à sa personne, mais le petit bossu avait ref en disant :

— Général, on ne voit autour de vous que des militaires, des g lards bien tournés, je jurerais trop auprès de ce monde-là. Lais moi seulement gérer vos affaires et celles de vos enfants, et je réponds que vos fonds ne joueront pas à cache-cache comme M. Moulinard.

Plus tard, grâce à la générosité du général, Taquinet devint a et parvint alors à trouver une femme, mais il épousa une na Comme son protecteur lui en demandait la raison :

— Général, lui dit-il, j'ai bien vu qu'une femme était un mal cessaire, mais je me suis donné ce mal-là le plus petit que j'ai pu

Paris. — Imprimerie WALDER, rue Bonaparte,

www.ingramcontent.com/pod-product-compliance
Lightning Source LLC
LaVergne TN
LVHW022203080426
835511LV00008B/1548